SUSANNE BODENSTEINER

FEIERABEND FOOD

70

AFTER-WORK-REZEPTE

zum Runterkommen –
von Vorrats-Quickies bis
Luxus-Soulfood

INHALTSVERZEICHNIS

04

ENTSPANNTER VORRAT VON A BIS Z

Pflegeleichte Zutaten von Antipasti im Glas bis Zwiebeln, die sich (fast) ewig halten – perfekt für die spontane Feierabendküche!

10

QUICKIES AUS DEM VORRAT – OHNE EINKAUFSSTRESS

Erst kurz nach Ladenschluss aus dem Büro gewankt? Oder einfach zu k.o., um noch durch den Supermarkt zu sausen? Schnelle Rezepte mit Zutaten aus dem Vorrat sind die perfekte und leckere Lösung!

40

OHNE-KOCHEN-REZEPTE – GANZ EASY

Wer sagt, dass man den Herd einschalten muss für ein yummy Abendessen? Wir nicht! Bei unseren Ohne-Kochen-Rezepten sind sogar Suppe, Burger und Pizza dabei. MAGIC!

70
RATZFATZ-SOULFOOD NACH EINEM MIESEN TAG

Seelentröster von Auberginen-Gulasch über Rumpsteak mit Chimichurri bis Makkaroni Caprese – zum Relaxen, Abschalten, Verwöhnen: Genieße ihn, den Feierabend!

116
GESUND UND SCHNELL – UND RICHTIG LECKER

Es gibt so Arbeitstage, da stopft man vor lauter Stress alles Mögliche in sich hinein: Frust und Ärger, Pommes und Schokolade, Cola und Kaffee… Der Ausgleich kommt abends mit Vitamin- und Wohlfühl-Boostern!

---

152 **REZEPTREGISTER** 156 **IMPRESSUM**

NOCH MEHR ZUM RUNTERKOMMEN

Abends nach der Arbeit etwas Feines kochen und in Ruhe genießen – das tut gut und entspannt. Lies auf den nachfolgend genannten Seiten, wie sich der Entspannungsgrad noch ganz einfach steigern lässt:

22 **CHILLEN UND RELAXEN MIT MUSIK**
52 **PROST AUF DEN FEIERABEND!**
82 **EINFACH MAL ABSCHALTEN …**
142 **WORKOUT ZUM WOHLFÜHLEN**

ENTSPANNTER VORRAT VON A BIS Z

Besonders empfehlenswert für die Feierabendküche? Pflegeleichte Zutaten, die lange und unkompliziert lagern können!

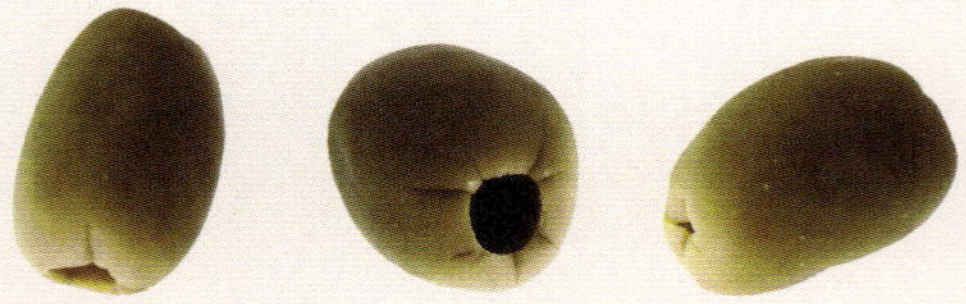

ANTIPASTI IM GLAS

Artischocken, Kapern, Oliven, Sardellen und getrocknete Tomaten in Öl bringen schnelle Würze und Umamigeschmack in Suppen, Salate und Saucen – empfehlenswert für jeden Vorrat! Und wenn du mal keine Lust hast zu kochen, dann kannst du Dir mit den eingelegten Spezialitäten sowie etwas Baguette und ein paar Bröckchen Parmesan oder Feta in zwei Minuten einen schönen Antipastiteller zusammenstellen. Geöffnete Gläser im Kühlschrank aufbewahren. Artischocken, Oliven, Kapern und Tomaten immer mit einem sauberen Löffel entnehmen. Antipasti aus geöffneten Dosen zum Aufheben in verschließbare Gläser oder Plastikdosen umfüllen.

COUSCOUS

Schnelle Beilage für ein orientalisches Ragout oder auch körnige Basis für einen Salat. In der Instant-Version steht der grobkörnige Hartweizengrieß nach einem Viertelstündchen auf dem Tisch: Den vorgegarten Couscous nach Belieben würzen, dann einfach mit sprudelnd kochendem Wasser überbrühen und etwas quellen lassen. Couscous ist monatelang haltbar. Angebrochene Tütchen gut verschließen.

DOSENTOMATEN

Sie dürfen in keinem Vorrat fehlen. Rund ums Jahr lassen sich damit schnelle Nudelsaucen und Suppen zaubern. Mittlerweile gibt es auch Cocktailtomaten in Dosen. Sie sind allerdings nicht geschält. Besonders praktisch sind stückige Tomaten, weil sie nicht zerkleinert werden müssen. Passierte Tomaten bekommst du auch im Tetrapak oder in Flaschen, die du beim italienischen Feinkosthändler in guter Qualität kaufen kannst. Den Inhalt angebrochener Dosen, Flaschen oder Tetrapaks im Kühlschrank aufheben und am besten innerhalb von zwei Tagen aufbrauchen.

EIER

Verwandeln sich unkompliziert und fix in ein schönes Feierabendfood. Das auf der Packung aufgedruckte Mindesthaltbarkeitsdatum liegt 30 Tage hinter dem Legedatum. Topfrische Eier lassen sich also bis zu vier Wochen aufheben – in der Schachtel verpackt im Kühlschrank. Am besten nur Eier von Hühnern aus Ökohaltung (Kennziffer O) oder Freilandhaltung (Kennziffer 1) verwenden.

ESSIG UND ÖL

Du brauchst nicht zehn verschiedene Sorten. Eher mild und deshalb anpassungsfähig ist Aceto balsamico bianco, der aus Traubenmostkonzentrat und Wein gemacht wird. Auch milder Weißweinessig ist eine gute Wahl. Hochwertiger Aceto balsamico gibt Salaten von selbst eine aromatische Note. Deshalb lohnt es sich, ein bisschen mehr Geld dafür auszugeben. Das Gleiche gilt für Olivenöl. Ein gutes »Extra vergine« hat seinen Preis, für Salate, Pesto und kalte Gerichte ist das Geld aber gut investiert. Zum Braten kannst du einfaches Olivenöl oder neutrales Öl nehmen. Auch Rapsöl und Sonnenblumenöl sind empfehlenswert. Öl- und Essig-Flaschen nicht zu warm und möglichst lichtgeschützt aufbewahren. Öl kann schnell ranzig werden, deshalb besser kleine Flaschen in den Vorrat stellen.

FETA

Das Eiweißpaket in deinem Vorrat – für fixe Salate und schnelle Gratins. In Folie verschweißter Schafskäse aus dem Supermarkt ist im Kühlschrank wochenlang haltbar. Lose gekaufter aus dem türkischen und griechischen Feinkostgeschäft schmeckt besonders aromatisch, sollte aber innerhalb von ein paar Tagen gegessen werden. Auf jeden Fall den Käse immer in der Lake aufheben.

FRISCHKÄSE

Bekommst du auch im kleinsten Supermarkt in vielen Variationen und verschiedenen Fettstufen. Spontane Köche sollten immer ein Päckchen im Kühlschrank liegen haben. Denn Frischkäse rettet nicht nur pur dein Abendbrot, sondern dient auch bestens als Basis für kreative Sandwiches und beim Kochen als Ersatz für Sahne & Co. Frischkäse grundsätzlich nur mit einem sauberen Messer oder Löffel aus der Verpackung nehmen und gleich danach wieder gut verschließen. So bleibt er auch im angebrochenen Päckchen lange frisch. Wer's aromatisch mag, bevorzugt Ziegenfrischkäse.

GEWÜRZE

Damit verpasst du beliebten Zutaten in der schnellen Küche – von Aubergine bis Zucchino – immer wieder einen neuen und spannenden Kick. Die Tütchen und Döschen brauchen nicht viel Platz im Küchenschrank. Und mittlerweile bekommst du in jedem Supermarkt auch Exotisches in guter Qualität. Gönn schwarzem Pfeffer eine eigene Mühle, andere Gewürze wie Kreuzkümmel, Koriander oder Kurkuma kannst du ruhig auch gemahlen in den Vorrat legen. Denn ganze Gewürzkörner oder Samen halten zwar länger das Aroma, aber Rösten und Mörsern kosten viel Zeit, die Feierabendköche meist nicht haben. Kauf einfach kleine Päckchen, die schnell aufgebraucht sind. Mit getrockneten Chilis, Chilipulver, Cayennepfeffer oder Chiliflocken bringst du schnell Schärfe ans Essen. Das feinste Chilipulver stammt übrigens aus Frankreich und heißt Piment d'Espelette. Es ist nicht einfach nur scharf, sondern hat einen fruchtig-rauchigen Geschmack. Mit fertigen Mischungen wie Currypulver, Garam Masala oder Ras el Hanout verleihst du Reis, Gemüse, Fleisch oder Fisch fix eine indische oder orientalische Note – empfehlenswert für deinen Vorratsschrank! Lass dagegen Mischungen für ein spezielles Gericht, z. B. Gulasch-, Pizza- oder Bratkartoffelgewürz, besser im Supermarktregal. Erfahrungsgemäß nimmt man es einmal und dann nicht wieder, außer du isst fast täglich Gulasch, Pizza oder Bratkartoffeln.

HÜLSENFRÜCHTE

Die pflanzlichen Eiweißpakete sind ein Muss für die gesunde Küche! Getrocknet sind sie lange haltbar, haben aber leider auch lange Einweich- und Garzeiten. Nur mit roten oder gelben Linsen lässt sich schnell ein warmes Essen zubereiten. Sie sind geschält und werden deshalb schnell gar. Mit Kichererbsen, Linsen und Kidneybohnen aus der Dose kannst du ruckzuck nicht nur Suppen und Currys, sondern auch Salate zubereiten: Die Hülsenfrüchte in ein Sieb schütten und abtropfen lassen. Abbrausen nicht nötig! Die milchig-sämige Flüssigkeit in der Dose ist unschädlich und kann sogar mitverwendet werden. Perfekt für die unkomplizierte Feierabendküche sind auch TK-Erbsen. Sie dürfen tiefgekühlt in der Suppe landen und tauen in wenigen Minuten auf.

INGWER

Für die schnelle Küche sind die mild-aromatischen, frischen, jungen Wurzeln besonders geeignet. Sie lassen sich einfach durch die Knoblauchpresse drücken. Du erkennst sie an der hauchdünnen, straffen Schale und dem hellgelben, saftigen Fleisch. Kleine Stücke kannst du ein paar Tage im Gemüsefach sogar unverpackt lagern und auch gut tiefkühlen. Bei Bedarf ein Ingwerstück aus dem Tiefkühlfach nehmen und reiben.

KARTOFFELN

Die Klassiker im Vorrat! Kauf am besten vorwiegend festkochende, weil sie Allrounder sind. Kleine Frühkartoffeln (heißen im Supermarkt auch Baby-Kartoffeln) haben gleich zwei große Vorteile: Sie müssen nicht geschält werden und sind in 15 Min. gar – als Bratkartoffeln oder Pellkartoffeln oder aus dem Ofen. Ebenfalls pflegeleicht sind sehr große Kartoffeln. Sie lassen sich schnell schälen und würfeln und sind dann auch in einem Viertelstündchen fertig – ideal auch für cremigen Kartoffelstampf.

KNOBLAUCH

Würzt weltweit Feierabendfood. Am feinsten schmecken die Zehen des rosafarbenen Knoblauchs. Die frische Knolle darf bis zu zwei Wochen im Gemüsefach liegen. Getrockneter Knoblauch hält mit seiner seidenpapierdünnen, weißen Hülle an einem kühlen und luftigen Platz locker zwei Monate, wird aber streng im Geschmack. Entwickeln die Zehen schon grüne Triebe, kannst du sie noch verwenden, schneid die Triebe aber unbedingt raus. Und wenn am nächsten Tag ein wichtiges Meeting ansteht, verzichte lieber auf Knoblauch.

KOKOSMILCH

Die cremige Flüssigkeit aus Kokosnussfleisch und Wasser ist ideal für die schnelle Küche geeignet. Bevorzuge ungesüßte ohne Konservierungsstoffe (s. Etikett). Die Dosen und Tetrapaks sind ohne Kühlung lange haltbar. Angebrochene Dosen und Päckchen rasch aufbrauchen.

KRÄUTER

Ob Fisch, Fleisch, Tofu, Auberginen oder Zucchini – alle lieben Kräuter! Mediterrane Sommerkräuter wie Thymian, Bohnenkraut, Majoran, Oregano oder Rosmarin sind auch getrocknet noch herrlich aromatisch. Übriggebliebene frische Zweige zu Sträußchen binden und mit den Blättern nach unten hängend 4–6 Tage trocknen lassen. Blättchen oder Nadeln dann abstreifen. Dagegen schmecken getrocknete Gartenkräuter wie Schnittlauch, Petersilie und Dill nur nach Heu. Empfehlenswert für deinen Vorrat sind sie aber in der TK-Version. Und die Mini-Päckchen passen auch ins kleinste Tiefkühlfach. Basilikum und Koriander nur frisch verwenden! Kräutertöpfchen ab Mai ins Freie stellen. Auf dem Fensterbrett in der Küche gehen sie schnell ein. Die Glasscheibe schluckt zu viel Tageslicht.

MÖHREN

Das Frischeplus im Vorrat! Sie liefern jede Menge Vitamine und sind dabei echte Global Player. Möhren passen in bodenständige Salate, mediterrane Suppen und asiatische Currys und lassen sich auch einfach mal roh knabbern. In einer Plastiktüte verpackt bleiben sie im Gemüsefach des Kühlschranks tage- bis wochenlang frisch. Bei Bundmöhren allerdings unbedingt das frische Grün abschneiden. Das lässt die Möhrchen nämlich schneller schrumpeln.

NUDELN

V. I. B.s – Very Important Basics im Vorratsschrank! Und mit Olivenöl, Knoblauch und ein paar Chiliflocken Abendessen-Retter in der Not, wenn im Kühlschrank gähnende Leere herrscht. Getrocknete Nudeln halten ewig, angebrochene Päckchen wieder gut verschließen oder den Inhalt in dicht schließende Gläser umfüllen. Frische Tagliatelle oder Linguine aus dem Kühlregal sind nicht lange haltbar, dafür beim Kochen schnell al dente. Für die fixe Feierabendküche perfekt geeignet sind asiatische Instant-Nudeln, z. B. Instant-Mie-Nudeln – ob mit oder ohne Ei. Sie sind vorgegart und müssen nur mit heißem Wasser übergossen werden.

NÜSSE UND KERNE

Damit verpasst du Salaten und Currys schnell ein knuspriges und gesundes Topping. Sie sind Basis für aromatisches Pesto, lassen sich einfach knabbern und bereichern das Frühstücksmüsli – Nüsse und Kerne haben sich also einen Platz im Vorrat verdient. In der Schale sind Walnüsse und Haselnüsse am längsten haltbar, müssen aber dann erst immer geknackt werden. Tüten mit Cashewkernen, Mandelblättchen oder Haselnüssen immer wieder gut verschließen oder am besten die Kerne in eine dicht schließende Dose umfüllen. Kürbiskerne, Erdnüsse und Pistazien kannst du geröstet kaufen. Walnuss- oder Pinienkerne in einer beschichteten Pfanne ohne Fett anrösten, bis sie duften. So werden sie besonders aromatisch.

PARMESAN

Warmen Ofengerichten verleiht er aufgestreut eine Knusperkruste, Pesto und Salaten würzig-salziges Aroma. Original Parmigiano Reggiano trägt ein eingebranntes Gütesiegel am Rindenrand. Streng kontrolliert wird auch der etwas preiswertere Grana Padano. Extraharten Käse grundsätzlich am Stück kaufen und bei Bedarf selbst zerkleinern. Das kostet nicht viel Zeit und frisch gerieben oder gehobelt schmeckt er einfach unvergleichlich besser als geriebener Käse aus der Tüte. Parmesanstücke in Folie wickeln. So kannst du sie im Kühlschrank bis zu vier Wochen aufbewahren.

QUINOA

Superfood aus Südamerika: Die nussig schmeckenden, vitalstoffreichen Körnchen sind selbst in der Vollkornversion in maximal 15–20 Minuten fertig – ideal als schnelle Beilage oder sättigende Basis für Salat oder Gemüsepfanne. Die Tüten trocken aufbewahren und nach dem Öffnen immer wieder gut verschließen.

REIS

Zur schnellen Feierabendküche passt am besten der feine Basmati. Die länglichen, weißen Körner sind nach knapp 20 Minuten gar. Andere Sorten brauchen deutlich länger. Zum Glück gibt es für Ungeduldige Schnellkochreis, einen vorgegarten Langkornreis, der im Kochbeutel angeboten wird und nach maximal 10 Minuten auf dem Tisch steht. Im Supermarkt findest du auch Risottoreis in einer Instant-Version – für Genießer ist der aber keine Alternative, sondern eine Enttäuschung!

STAUDENSELLERIE

Ein dankbarer Kandidat fürs Gemüsefach! Bleibt dort – in Plastik verpackt – lange frisch. Die Stangen schmecken als Rohkost und geben klein geschnitten frischen Salaten, Suppen und Saucen schnell einen würzigen Kick, sind im Gegensatz zum ebenfalls sehr lagerfähigen Knollensellerie aber pflegeleichter. Meistens reicht Waschen aus. Wer die Fädchen nicht mag, schält einfach die gewölbte Seite mit einem Sparschäler.

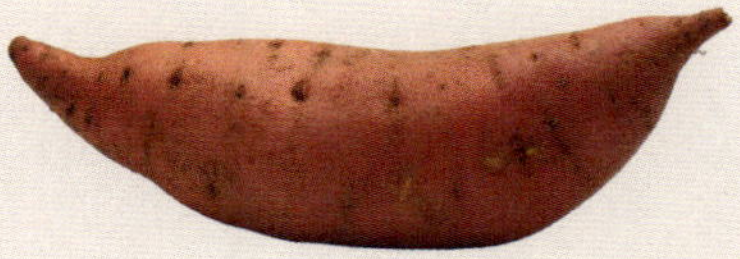

SÜSSKARTOFFELN

Ideal für die Feierabendküche: Sie lassen sich schnell und unkompliziert in feine Gerichte verwandeln, die auch sattmachen, bei akuter Koch-Unlust sogar einfach im Toaster aufbacken. Mittlerweile sind sie in jedem Supermarkt erhältlich und das Beste: Sie lassen sich gut lagern und sind so auch die perfekte Zutat für Einkaufsmuffel und spontane Köche.

TK-GEMÜSE

Sorgt für Vitamine am Feierabend, wenn tagsüber mal wieder keine Zeit zum Einkaufen war. Auch für verwöhnte Gaumen sind Blattspinat und Erbsen in TK-Version empfehlenswert, bei den beiden gibt es in Geschmack und Konsistenz kaum einen Unterschied zu frischem Gemüse. Und da das Gemüse ja sofort nach der Ernte schockgefrostet wird, halten sich auch die Nährstoff-Verluste in Grenzen. Wer nicht für eine Großfamilie kocht, bevorzugt Blattspinat, der in kleinen Portionen eingefroren wurde. So lässt er sich nach Wunsch entnehmen.

ZITRUSFRÜCHTE

Im Gegensatz zu Äpfeln und Bananen schrumpeln sie nicht in der Obstschale, sondern sind – in ihrer eigenen Schale perfekt verpackt – wochenlang haltbar. Sie schmecken einfach so, geben aber auch süßen, sauren, scharfen und pikanten Gerichten eine frische, säuerlich-aromatische Note. Bei Bio-Früchten kannst du die Schale wie ein Gewürz verwenden. Orangen, Limetten und Zitronen mit abgeriebener Schale lassen sich allerdings nur noch kurz im Kühlschrank aufheben, dann solltest du sie aufessen bzw. den Saft auspressen und genießen.

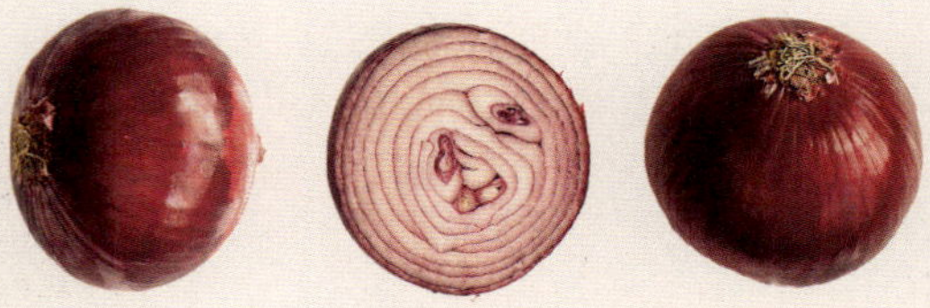

ZWIEBELN

Die heimlichen Helden im Vorrat – pflegeleicht, vielseitig, wandelbar! Selbst Spitzenköche kommen nicht ohne sie aus. Frühlingszwiebeln sind im Gemüsefach gut aufgehoben. Alle anderen dürfen an einem kühlen, luftigen und trockenen Platz lagern, allerdings nicht in der Nähe von Herd oder Spüle. Denn Wärme lässt grüne Triebe sprießen, Küchendunst fördert die Schimmelbildung. Im Idealfall halten sich braune Küchenzwiebeln und Schalotten monatelang. Weiße und rote Zwiebeln möglichst innerhalb von ein bis zwei Wochen verbrauchen.

QUICKIES AUS DEM VORRAT – OHNE EINKAUFSSTRESS

Heute waren Überstunden angesagt? In der Mittagspause ist aus dem Bummel über den Bauernmarkt auch wieder nichts geworden? Und jetzt noch Einkaufsstress und Kassenschlange? Nein danke! Schon mit wenigen Zutaten aus dem Vorrat und ein paar spannenden Gewürzen kannst du ein schönes Essen zaubern – ohne Überstunden in der Küche!

CRACKER-CROSTINI MIT TOPPING-DUO

Statt Leberwurstbrot!

FÜR 2 PERSONEN
15 Min. Zubereitung
Pro Portion ca. 570 kcal,
16 g EW, 41 g F, 32 g KH

FÜR DIE TAPENADE:
50 g entsteinte, schwarze Oliven
1 EL Kapern | 2 Sardellenfilets
1 Knoblauchzehe (nach Belieben)
ein paar Basilikumblättchen
2 EL Olivenöl
½ Bio-Zitrone | Pfeffer

FÜR DIE KÄSECREME:
100 g (Ziegen-)Frischkäse
4 getrocknete, in Öl eingelegte Tomaten (+ 1 EL Tomatenöl)
ein paar Basilikumblättchen
Salz | Pfeffer

AUSSERDEM:
1 kleines Pck. Cracker (75 g; s. Tipp)

1 Für die Tapenade 1 Olive und 2 Kapern beiseitelegen, den Rest zusammen mit den Sardellenfilets sehr fein hacken. Nach Belieben die Knoblauchzehe schälen und dazupressen.

2 Das Basilikum in einem Sieb abbrausen, trocken tupfen und fein hacken, dann bis auf einen kleinen Rest zusammen mit dem Olivenöl unter die Olivenmischung heben. Die Zitrone heiß waschen, dann abtrocknen, ½ TL Schale fein abreiben und die Zitrone halbieren. Die Tapenade mit 1 Spritzer Zitronensaft und Pfeffer würzen.

3 Für die Käsecreme den Frischkäse mit etwas Tomatenöl glatt rühren. Die Tomaten abtropfen lassen, fein schneiden und dazugeben. Das Basilikum in einem Sieb abbrausen, trocken tupfen und fein hacken. Zitronenschale und das Basilikum bis auf einen kleinen Rest dazugeben. Alles mit einer Gabel gut miteinander vermischen und mit Salz und Pfeffer abschmecken.

4 Die Hälfte der Cracker mit Tapenade, die andere Hälfte mit Frischkäse toppen. Die beiseitegelegte Olive in Ringe schneiden, die Kapern halbieren. Cracker-Crostini mit Olivenringen, Kapern und restlichen Kräutern garnieren und knabbern.

Basis-Alternativen
Falls du keine Cracker hast: Die Dips schmecken natürlich auch sehr gut auf gerösteten Weißbrotscheiben, Knäckebrot, Toast oder Brotchips.

RÜHREI MIT ZWIEBEL, KÄSE UND KÜRBISKERNEN

Ganz einfach lecker!

FÜR 2 PERSONEN
20 Min. Zubereitung
Pro Portion ca. 450 kcal,
24 g EW, 38 g F, 5 g KH

1 kleine Zwiebel
2 EL Butter
4 Eier
2 EL Milch
Salz | Pfeffer
frisch geriebene Muskatnuss
40 g Bergkäse (s. Tipp)
1 EL TK-Schnittlauch
2 EL geröstete Kürbiskerne

1 Die Zwiebel schälen und anschließend fein hacken. Gleichzeitig in einer großen Pfanne die Butter sanft erhitzen.

2 Die Eier in eine Schüssel aufschlagen, Milch sowie 1 kräftige Prise Salz, Pfeffer und Muskat dazugeben und alles mit einer Gabel verquirlen. Den Bergkäse grob reiben.

3 Die Zwiebelwürfel in der heißen Butter in 4–5 Min. bei kleiner bis mittlerer Hitze glasig dünsten. Dann die Eimasse dazugeben und stocken lassen, dabei immer wieder mit einem Spatel umrühren und die Eimasse vom Pfannenboden lösen.

4 Wenn die Masse fast gestockt, aber weich und großflockig ist (nach ca. 2 Min.), den geriebenen Bergkäse darüberstreuen und schmelzen lassen, dabei weiter alles verrühren.

5 Rührei mit dem Schnittlauch und den Kürbiskernen bestreuen und sofort servieren, bei großem Hunger mit 1 Scheibe Bauernbrot.

Resteküche – alles Käse!
Statt Bergkäse kannst du auch gut Gruyère oder Comté verwenden. Und wenn im Kühlschrank kein Käse am Stück zu finden ist? Vielleicht liegen von der letzten Brotzeit noch zwei Scheiben Gouda oder Emmentaler rum. Hack sie einfach in winzige Würfel (mit einem großen Messer geht das ganz schnell) und streu sie statt geriebenem Käse über die fast gestockte Eimasse.

ERBSENCREME-SÜPPCHEN MIT CHILI

Grün & gesund!

FÜR 2 PERSONEN
20 Min. Zubereitung
Pro Portion ca. 335 kcal,
8 g EW, 28 g F, 11 g KH

1 EL Butter
1 kleine Zwiebel
1 Knoblauchzehe
1 Stange Staudensellerie (nach Belieben)
einige Minzeblättchen (nach Belieben)
250 g TK-Erbsen
300 ml Gemüsebrühe
1 EL Grappa (nach Belieben)
Salz | Pfeffer
2 Prisen Chiliflocken (ersatzweise Pul biber oder Cayennepfeffer)
100 g Crème fraîche (ersatzweise Frischkäse oder Sahnejoghurt; s. auch Tipp)

1 Die Butter in einem Topf sehr sanft erhitzen. Inzwischen die Zwiebel und den Knoblauch schälen und fein hacken. Staudensellerie waschen, nach Belieben an der äußeren Wölbung schälen und die Stange dann in Stückchen schneiden.

2 Zwiebel, Knoblauch und Sellerie zur heißen Butter in den Topf geben und darin bei sehr kleiner Hitze ca. 3 Min. andünsten. Inzwischen nach Belieben die Minzeblättchen waschen.

3 Die gefrorenen Erbsen und ein paar Minzeblättchen in den Topf geben und einrühren, die Gemüsebrühe dazugießen und aufkochen. Den Topfinhalt zugedeckt 5 Min. köcheln lassen.

4 Anschließend die Suppe mit dem Pürierstab fein pürieren, nach Belieben noch den Grappa unterrühren und die Cremesuppe mit Salz, Pfeffer und 1 Prise Chiliflocken abschmecken.

5 Die Suppe auf zwei Schalen verteilen, je 1 großen Klecks Crème fraîche daraufgeben und Chiliflocken darüberstreuen. Die Erbsencremesuppe mit restlicher Minze garniert servieren.

Statt Crème fraîche ...
... kannst du auch 50 ml Milch erhitzen, mit dem Milchaufschäumer aufschäumen und auf die Suppe geben – sieht schön aus und schmeckt ebenfalls sehr gut!

KOKOS-TOMATEN-SUPPE

Aus der Dose, fertig, los!

FÜR 2 PERSONEN
15 Min. Zubereitung
Pro Portion ca. 435 kcal,
11 g EW, 37 g F, 14 g KH

1 EL Öl
1 kleine Zwiebel
1 Stück Ingwer (ca. 1 cm lang)
1 TL Chiliflocken (ersatzweise Pul biber)
1 TL brauner Zucker
1 EL Tomatenmark
1 Dose stückige Tomaten (400 g)
250 g cremige Kokosmilch (Tetrapak; s. Info)
2 EL geröstete Erdnusskerne
4 Stängel Koriandergrün (nach Belieben)
Salz

1 Das Öl in einem Topf sanft erhitzen. Während das Öl warm wird, die Zwiebel schälen und fein hacken. Den Ingwer schälen. Zwiebelstückchen ins heiße Öl geben und den Ingwer dazureiben. Beides bei kleiner Hitze in ca. 5 Min. weich dünsten.

2 Dann ½ TL Chiliflocken sowie ½ TL Zucker darüberstreuen und das Tomatenmark dazugeben. Die Hitze erhöhen und die stückigen Tomaten dazugeben. Alles aufkochen und etwas einköcheln lassen, dabei aufpassen, dass die Suppe nicht anbrennt!

3 Die Kokosmilch bis auf 2 EL zu den Tomaten gießen. Topfinhalt aufkochen und noch kurz köcheln lassen, dann den Topf vom Herd ziehen. Inzwischen die Erdnüsse hacken. Das Koriandergrün – falls verwendet – waschen und trocken schütteln. Die Blättchen abzupfen und nach Belieben hacken oder ganz lassen.

4 Die Suppe mit dem Pürierstab fein pürieren und mit Salz und eventuell noch etwas Chili und/oder Zucker abschmecken. Die Suppe mit der übrigen Kokosmilch (2 EL) garnieren und mit den Erdnüssen und dem Koriandergrün bestreut servieren.

Nur Dosen im Vorrat?
Du kannst auch Kokosmilch aus der Dose verwenden. Die Dose dann vor dem Öffnen erst schütteln, damit sich die wässrige und cremige Schicht verbinden. Wenn du den ganzen Doseninhalt (400 ml) nehmen willst, lass die Suppe einfach länger einköcheln. Sie bekommt dann allerdings ein noch intensiveres Kokosaroma.

BOHNEN-HUMMUS MIT MÖHREN

Für den veganen Feierabend

FÜR 2 PERSONEN
20 Min. Zubereitung
Pro Portion ca. 365 kcal,
12 g EW, 25 g F, 22 g KH

1 Dose weiße Bohnen (240 g Abtropfgewicht)
½ Bio-Orange (ersatzweise 2 EL Orangensaft)
1 TL + 2 EL Mandelblättchen (s. Tipp)
3 EL Olivenöl
Salz | Pfeffer
3 Möhren (ca. 250 g)
1 kleine Zwiebel
1 TL brauner Zucker
30 ml Gemüsebrühe
1 Msp. Chiliflocken (ersatzweise Pul biber)

Kleiner Feierabend-Luxus
Wenn du Mandelmus zu Hause hast, dann gib statt dem Teelöffel Mandelblättchen für noch ein bisschen mehr Aroma ein Löffelchen Mandelmus ins Hummus.

1 Für das Hummus die weißen Bohnen in ein Sieb abgießen und abtropfen lassen, die Orangenhälfte waschen und abtrocknen. Dann 1 TL Schale abreiben und den Saft auspressen.

2 Bohnen in einen hohen Becher oder Mixer geben. 1 TL Mandelblättchen, 1 EL Orangensaft, Orangenschale, 1 EL Olivenöl und etwas Salz und Pfeffer dazugeben. Alles im Mixer oder mit dem Pürierstab fein pürieren. Falls nötig, noch 1 EL Orangensaft untermixen. Das Hummus mit Salz und Pfeffer abschmecken und beiseitestellen.

3 Die Möhren schälen und in Scheibchen hobeln. Die Zwiebel schälen und fein würfeln. 1 EL Öl in einem Topf sanft erhitzen. Die Zwiebelwürfel darin bei kleiner Hitze in 3–4 Min. glasig dünsten. Die Möhrenscheibchen dazugeben und kurz mit andünsten. Den Zucker darüberstreuen und kurz anschmelzen lassen. Dann die Gemüsebrühe dazugießen, aufkochen und anschließend die Möhren zugedeckt in 5 Min. bei kleiner Hitze bissfest dünsten.

4 Inzwischen eine Pfanne ohne Fett stark erhitzen. Die restlichen Mandelblättchen (2 EL) darin kurz anrösten. Restliches Öl (1 EL) und die Chiliflocken verrühren und über das Hummus laufen lassen.

5 Die Möhren evtl. noch kurz offen garen, die Flüssigkeit sollte verschwunden sein. Die Möhren mit Salz und Pfeffer abschmecken, dann mit dem Hummus auf einem Teller anrichten und servieren. Die Mandelblättchen darüberstreuen.

CHILLEN UND RELAXEN MIT MUSIK

Heute Abend entspannen – morgen früh entspannter: Je besser wir uns in der Freizeit in Gedanken von der Arbeit lösen können, desto besser fühlen wir uns am nächsten Tag. Was uns auf dem Weg zu mehr Entspannung am Feierabend helfen kann? Musik!

MUSIK BRINGT DICH RUNTER

Im wahrsten Sinn des Wortes! Denn Mediziner haben festgestellt: Wenn wir unseren Lieblingsklängen lauschen, sinkt der Cortisolspiegel in unserem Körper. Cortisol wird auch Stresshormon genannt. Es ist also eine gute Idee, auf dem Weg nach Hause im Auto oder über Kopfhörer in der U-Bahn Musik zu hören. Top-Stresskiller aus der Klassik ist übrigens das Allegro (italienisch: »fröhlich«) aus Bachs Viertem Brandenburgischen Konzert.

… UND MACHT FROH

In einer weiteren Studie wurde gezeigt, dass Töne auch als Stimmungsaufheller wirken können. Menschen in einem Altersheim waren weniger depressiv, wenn sie am Tag eine halbe Stunde ihre Lieblingsmusik vorgespielt bekamen.

OB BEETHOVEN ODER BEATLES, …

… Jazz oder Reggae, Heavy Metal oder Klassik – welche Musik auf wen entspannend wirkt, ist unterschiedlich. Allgemein gilt: Techno pusht uns auf, Harfenklänge beruhigen. Instrumentalmusik wirkt in der Regel entspannender als Gesang. Bei typischer Chillout-Musik, die du im Internet findest, ist der Rhythmus meist konstant und das Tempo liegt im Bereich zwischen 60 und 80 Schlägen pro Minute – das entspricht unserem Herzschlag.

SHAKE!

Die Anspannung und den Ärger des Tages einfach abschütteln? Das geht leichter, als du denkst. Du brauchst nur 10 Minuten, in denen du nicht gestört wirst. Dann dreh deine Lieblingsbeats auf volle Lautstärke und schüttel dich – sieht ja keiner!

SINGEN MACHT GLÜCKLICH

Ob im Chor oder unter der Dusche oder beim Kochen: Musikwissenschaftler haben bewiesen, dass sich Singen positiv auf Körper und Geist auswirkt. Stresshormone werden vermindert, die sogenannten Glückshormone Serotonin und Dopamin vermehrt. Deshalb Lieblingslieder einfach mitsingen – aus voller Brust und mit erhobenem Kopf – so macht Singen nicht nur glücklich, sondern stark!

MIT WOLFGANG AMADEUS AUF DER COUCH

An manchen Feierabenden schafft man es einfach nur noch aufs Sofa. Statt nun durchs Programm zu zappen oder die Lieblingsserie bei Netflix zu schauen, probier's mal mit klassischer Musik. Wissenschaftlich erwiesen: Mozart oder Vivaldi hören sorgt für harmonische Hirnströme und damit für Entspannung.

AUCH STILLE MACHT FROH

Bist du schon den ganzen Tag mit Musik berieselt worden? Dann tut dir am Feierabend vielleicht auch mal Stille gut. Schalt das Handy auf lautlos, mach das Radio und den Fernseher aus. In Berlin am Brandenburger Tor, aber auch in vielen kleinen und großen Städten gibt es sogar einen öffentlichen »Raum der Stille« (Orte findest du im Internet). Nach einem turbulenten Tag kann es sich auch lohnen, dort ein wenig zu verweilen und zu entspannen.

BRATKARTOFFELN MIT SPIEGELEI

Wenn dich der Hunger auf was Deftiges packt.

FÜR 2 PERSONEN
20 Min. Zubereitung
Pro Portion ca. 305 kcal,
11 g EW, 16 g F, 28 g KH

2 EL Olivenöl
350 g sehr kleine Frühkartoffeln (Drillinge oder »Baby-Kartoffeln«; s. Tipp)
Pfeffer
1 TL getrockneter Thymian
½ TL Kümmelkörner (nach Belieben)
1 Schalotte (ersatzweise 1 kleine Zwiebel)
2 getrocknete, in Öl eingelegte Tomaten
grobes Meersalz
edelsüßes Paprikapulver
2 Eier

1 Das Öl in einer Pfanne stark erhitzen. Inzwischen die Kartoffeln in einem Sieb gründlich waschen, trocken tupfen und halbieren oder vierteln. Es sollten knapp 2 cm große Stücke sein. Die Kartoffeln ins heiße Öl geben, mit Pfeffer, Thymian und nach Belieben auch mit Kümmel würzen und bei großer Hitze unter Rühren kurz braten.

2 Dann die Hitze reduzieren und die Kartoffeln zugedeckt bei kleiner Hitze ca. 10 Min. weiterbraten, Kartoffeln dabei ein paar Mal wenden. Inzwischen die Schalotte schälen, halbieren und würfeln. Tomaten abtropfen lassen und in feine Streifen schneiden.

3 Nach 10 Min. Garzeit die Schalottenwürfel und Tomatenstreifen zu den Kartoffeln geben und mindestens 3 Min. bei größerer Hitze offen mitbraten, dabei immer mal rühren, bis die Zwiebeln und die Kartoffeln weich sind. Dann die Bratkartoffeln mit Meersalz und etwas Paprikapulver würzen und an den Rand schieben.

4 Die Hitze wieder reduzieren. Eventuell noch etwas Öl auf die freie Fläche in der Pfanne träufeln. Die Eier darauf aufschlagen. Die Spiegeleier mit Meersalz und Pfeffer würzen und in 1 Min. garen. Kartoffeln und Spiegeleier in der Pfanne servieren.

Kartoffel-Tipps
Die Kartoffeln im Vorrat keimen schon oder sehen fleckig aus? Dann schäl sie besser vor dem Braten. Und wenn du keine Baby-Frühkartoffeln bekommen hast, kannst du auch größere nehmen, schälen und in ca. 2 cm große Würfel schneiden.

Lust auf Gemüse?
Für Rahmspinat ca. 300 g TK-Blattspinat mit 1 TL Instant-Gemüsebrühe und 2–3 EL Wasser bei kleiner Hitze zugedeckt auftauen und erhitzen. Zum Schluss mit 1 EL Frischkäse verrühren oder mit Salz, Pfeffer und Muskat würzen.

SPINATGRATIN MIT FETA

Kleiner Feierabendsnack – Popeye lässt grüßen!

FÜR 2 PERSONEN
20 Min. Zubereitung
5 Min. Gratinieren
Pro Portion ca. 405 kcal,
16 g EW, 34 g F, 7 g KH

400 g TK-Blattspinat
2 EL Olivenöl
1 Knoblauchzehe
1 kleine Zwiebel
1 EL Gemüsebrühe (Instant)
Salz | Pfeffer
frisch geriebene Muskatnuss
100 g Schafskäse (Feta)
2 EL Pinienkerne
(ersatzweise Mandelstifte)

AUSSERDEM:
2 ofenfeste Förmchen
Öl für die Förmchen

1 Den Backofen auf 225° vorheizen. Den Spinat aus dem Tiefkühlfach nehmen. Etwas Wasser im Wasserkocher aufkochen. Gleichzeitig 1 EL Olivenöl in einem Topf sanft erhitzen.

2 Parallel dazu Knoblauch und Zwiebel schälen und fein hacken, dann im heißen Öl bei kleiner Hitze ca. 3 Min. andünsten.

3 Den TK-Spinat dazugeben. Das Brühepulver darüberstreuen. Knapp 50 ml heißes Wasser dazugießen und den Spinat bei mittlerer bis großer Hitze in 10–15 Min. zugedeckt auftauen lassen, eventuell mal umrühren. Inzwischen die Förmchen mit etwas Öl ausstreichen.

4 Den aufgetauten Spinat nach Belieben kurz mit einem Pürierstab zerkleinern, dann mit Salz, Pfeffer und Muskatnuss abschmecken und in die Förmchen geben. Den Schafskäse darüberbröckeln und zum Schluss die Pinienkerne darüberstreuen.

5 Den Spinat im heißen Ofen (Mitte) ca. 5 Min. gratinieren, bis der Feta leicht geschmolzen ist und die Pinienkerne goldbraun sind.

Bei großem Hunger …
… vor dem Spinatgaren erst eine große Kartoffel schälen und klein würfeln. Kartoffelwürfel dann parallel zum Spinat in wenig Salzwasser in 10–15 Minuten zugedeckt weich kochen, abgießen und als erstes in die Förmchen oder in die Form schichten.

LINGUINE MIT SCHARFEM ZITRONENÖL UND GARNELEN

Die muntern dich auf nach einem langen Arbeitstag!

FÜR 2 PERSONEN
25 Min. Zubereitung
Pro Portion ca. 735 kcal,
26 g EW, 37 g F, 75 g KH

100 g TK-Garnelen (blanchiert)
1 kleine Zwiebel
2 Knoblauchzehen
1 Stück frischer Ingwer (ca. 1 cm lang)
½ Bio-Zitrone
6 EL Olivenöl | Salz
200 g schmale Linguine (ersatzweise Spaghetti)
1 getrocknete Chilischote
2 EL TK-Petersilie
30 g Parmesan

Noch schneller
1 Pck. mediterrane TK-Kräuter statt Zwiebel und Knoblauch verwenden. Frische Linguine aus dem Kühlregal sind schon nach wenigen Minuten gar.

1 Die gefrorenen Garnelen in einem Sieb mit kaltem Wasser abbrausen, bis die Eisschicht verschwunden ist, dann die Garnelen im Sieb weiter antauen lassen. Parallel dazu 2 l Wasser in einen großen Topf geben und zum Kochen bringen.

2 Inzwischen Zwiebel, Knoblauch und Ingwer schälen und fein hacken. Die Zitrone heiß waschen, abtrocknen und 1 TL Schale fein abreiben. 4 EL Olivenöl in einer Pfanne sanft erhitzen.

3 Wenn das Wasser im Topf kocht, 1 TL Salz dazugeben, dann die Nudeln hineingeben und nach Packungsangabe in 8–10 Min. bissfest kochen. Inzwischen Zwiebel, Knoblauch und Ingwer im heißen Olivenöl bei kleiner Hitze ca. 4 Min. andünsten, anschließend die getrocknete Chilischote ohne den Stiel dazukrümeln.

4 Die Garnelen trocken tupfen. Das Olivenöl in der Pfanne stärker erhitzen. Die Garnelen hineingeben und unter Rühren bei mittlerer bis großer Hitze ca. 4 Min. von allen Seiten braten. Petersilie und Zitronenschale bis auf einen kleinen Rest dazugeben, die Pfanne vom Herd ziehen. Die restlichen 2 EL Öl unterrühren.

5 Die fertigen Linguine in ein Sieb abgießen und sofort mit dem Würzöl und den Garnelen mischen. Pasta auf zwei großen Tellern anrichten und mit restlicher Petersilie und Zitronenschale bestreut servieren. Den Parmesan in Spänen darüberhobeln.

ONE-POT-PASTA PUTTANESCA

Für Zeit- und Abwaschsparer:
Hier garen Spaghetti und Sauce in einem Topf.

FÜR 2 PERSONEN
25 Min. Zubereitung
Pro Portion ca. 560 kcal,
19 g EW, 17 g F, 79 g KH

1 Schalotte
(ersatzweise 1 kleine Zwiebel)
1 Knoblauchzehe
1 EL Olivenöl
2 EL schwarze Oliven
2 in Öl eingelegte Sardellen
2 TL Kapern
1 getrocknete Chilischote
200 g stückige Tomaten
(aus der Dose)
450 ml leichte Gemüsebrühe
1 TL Honig
200 g Spaghetti
30 g Parmesan
Salz | Pfeffer

1 Schalotte und Knoblauch schälen und fein hacken. Das Olivenöl in einem großen Topf sanft erhitzen. Während das Öl heiß wird, die Oliven, Sardellen und Kapern abtropfen lassen und hacken.

2 Schalotte und Knoblauch im heißen Öl ca. 2 Min. bei kleiner Hitze andünsten. Die Chilischote ohne den Stiel dazukrümeln und gehackte Oliven, Sardellen und Kapern dazugeben.

3 Die Hitze erhöhen, die Tomaten aus der Dose zusammen mit der Gemüsebrühe dazuschütten und aufkochen, dabei den Honig unterrühren. Wenn die Flüssigkeit kocht, die Spaghetti dazugeben und alles ca. 7 Min. (oder nach Packungsangabe) bei mittlerer bis großer Hitze köcheln lassen, bis die Nudeln bissfest gegart sind, dabei alles immer mal wieder umrühren.

4 Inzwischen den Parmesan reiben. Die bissfest gegarten Nudeln vorsichtig mit Salz und Pfeffer abschmecken, auf zwei tiefe Teller verteilen und mit Parmesan bestreut servieren.

BUNTE QUINOA

Schnell was Warmes

FÜR 2 PERSONEN
20 Min. Zubereitung
Pro Portion ca. 480 kcal,
20 g EW, 20 g F, 53 g KH

300 ml leichte Gemüsebrühe
2 EL Olivenöl
2 Möhren
150 g Quinoa
½ Pck. mediterrane TK-Kräuter (z. B. »italienische Art«)
100 g TK-Erbsen
3 getrocknete, in Öl eingelegte Tomaten
30 g Bergkäse (nach Belieben)
Salz | Pfeffer

1 Die Gemüsebrühe aufkochen. Inzwischen das Olivenöl in einem Topf sanft erhitzen. Die Möhren putzen, schälen, längs vierteln, dann quer in Würfel schneiden. Die Quinoa in einem Sieb heiß abbrausen und anschließend abtropfen lassen.

2 Möhren im heißen Öl ca. 1 Min. bei kleiner Hitze unter ständigem Rühren andünsten. Die TK-Kräuter dazugeben und ca. 1 Min. ebenfalls unter Rühren mitdünsten. Dann die Quinoa unterrühren und ca. 1 Min. mitdünsten. Die Gemüsebrühe angießen und aufkochen.

3 Anschließend die Möhren-Quinoa-Mischung bei mittlerer Hitze zugedeckt 12–15 Min. köcheln lassen, bis die Quinoa gegart ist, dabei nach ca. 7 Min. die TK-Erbsen dazugeben und mitgaren.

4 Während der Garzeit die Tomaten abtropfen lassen und in kleine Stücke schneiden. Falls verwendet, den Bergkäse reiben.

5 Die Quinoa mit Salz und Pfeffer abschmecken, auf zwei Tellern anrichten und mit den getrockneten Tomaten und nach Belieben auch mit dem geriebenen Käse bestreut servieren.

Austausch-Tipps
Statt TK-Erbsen kannst du TK-Brokkoli nehmen. Gib ihn gleich mit der Quinoa dazu. In der Kürbissaison ½ kleinen Hokkaido-Kürbis (ca. 500 g) anstelle der Möhren und Erbsen verwenden. Das Kürbisstück entkernen, waschen und würfeln, dann mit den Kräutern andünsten.

ORIENTALISCHE KICHERERBSENPFANNE

Vegetarisch und wunderbar aromatisch!

FÜR 2 PERSONEN
20 Min. Zubereitung
Pro Portion ca. 415 kcal,
17 g EW, 19 g F, 40 g KH

- 1 Knoblauchzehe
- 1 Stück frischer Ingwer (ca. 1 cm lang)
- 1 Zwiebel | 2 Möhren
- 1 EL Olivenöl
- 4 getrocknete Aprikosen (ersatzweise anderes Dörrobst)
- 2 TL Ras el Hanout
- 1 Dose Kichererbsen (240 g Abtropfgewicht)
- 100 ml Gemüsebrühe
- 200 g stückige Tomaten (aus der Dose)
- ½ TL Honig | Salz | Pfeffer
- 1 EL Zitronensaft
- 2 EL (Ziegen-)Frischkäse
- 2 EL geröstete, gesalzene Pistazienkerne (nach Belieben)

1 Knoblauch und Ingwer schälen und fein hacken. Die Zwiebel schälen und grob würfeln. Die Möhren putzen, ebenfalls schälen, längs vierteln und in feine Würfelchen schneiden. Noch während des Schnippelns das Öl in einer Pfanne sanft erhitzen.

2 Knoblauch, Ingwer und Zwiebelwürfelchen im Öl bei kleiner bis mittlerer Hitze ca. 1 Min. andünsten. Möhrenwürfel dazugeben und den Pfanneninhalt 5 Min. unter Rühren bei kleiner Hitze andünsten. Inzwischen die Aprikosen in kleine Stücke schneiden.

3 Das Gemüse mit 1 TL Ras el Hanout würzen. Die Kichererbsen abtropfen lassen und dazugeben. Die Gemüsebrühe dazugeben, aufkochen und alles noch ca. 2 Min. köcheln lassen. Dann die Aprikosen und die Tomaten dazugeben und kurz mitkochen.

4 Die Kichererbsenpfanne mit Honig, Salz, Pfeffer und Zitronensaft, eventuell auch noch mit ein wenig Ras el Hanout abschmecken und auf zwei Schalen verteilen. Mit 1 Klecks Frischkäse getoppt und nach Belieben mit den Pistazien bestreut servieren.

Liegt noch was rum?
Wenn sich im Gemüsefach noch ein Stück Lauch, ein Zucchino, eine Stange Staudensellerie oder auch eine (Spitz-)Paprikaschote findet – wunderbar! Das Gemüse einfach waschen, putzen und klein schneiden, dann mit den Möhrenwürfeln andünsten.

Und dazu?
Passt aufgebackenes Fladenbrot. Oder zu Beginn des Kochens Instant-Couscous oder -Bulgur nach Packungsangabe mit kochend heißem Wasser übergießen. Wenn die Kichererbsenpfanne fertig ist, sind auch die Körnchen gequollen.

BOHNENBULETTEN MIT TOMATEN-DIP

Runde Sache für den Feierabend!

FÜR 2 PERSONEN
20 Min. Zubereitung
Pro Portion ca. 560 kcal,
18 g EW, 21 g F, 74 g KH

FÜR DEN DIP:
100 g passierte Tomaten (aus dem Tetrapak)
1 TL Tomatenmark
1 TL Aceto balsamico
3 EL brauner Zucker
½ TL gemahlener Koriander
½ TL Cayennepfeffer
2 fein zerstoßene Pimentkörner
Salz | Pfeffer

FÜR DIE BULETTEN:
1 EL Olivenöl
1 Dose Kidneybohnen (240 g Abtropfgewicht)
1 Schalotte | 1 Knoblauchzehe
½ Bio-Orange
30 g Parmesan
70 g Semmelbrösel
1 TL TK-Petersilie
Salz | Pfeffer
Öl zum Braten

1 Alle Dipzutaten in einen Topf geben, verrühren, aufkochen, bei kleiner Hitze ca. 5 Min. köcheln lassen, dann vom Herd ziehen und bis zum Servieren abkühlen lassen.

2 Während der Dip köchelt, für die Buletten 1 EL Olivenöl in einer großen beschichteten Pfanne sanft erhitzen. Die Kidneybohnen in ein Sieb abgießen, kalt abbrausen und abtropfen lassen. Schalotte und Knoblauch schälen und fein hacken, dann beide im heißen Öl bei kleiner Hitze ca. 3 Min. andünsten.

3 Inzwischen die Orangenhälfte heiß waschen, abtrocknen, 1 TL Schale abreiben und 2 EL Saft auspressen. Parmesan reiben.

4 Kidneybohnen und Schalottenmix in eine Schüssel geben und alles mit einem Kartoffelstampfer zerstampfen. Den geriebenen Parmesan, 50 g Semmelbrösel, Orangenschale und 1 EL Orangensaft dazugeben und untermischen. Falls die Masse zu trocken oder zu fest ist, noch mehr Orangensaft unterrühren, falls sie zu feucht ist oder zu locker, noch 1 TL Semmelbrösel untermischen.

5 Die Masse mit Petersilie, Salz und Pfeffer abschmecken. Nun sechs flache Buletten daraus formen. Anschließend die Buletten in den restlichen Semmelbröseln (20 g) wälzen.

6 Das Öl zum Braten in der Pfanne erhitzen. Die Buletten darin von beiden Seiten in insgesamt 5 Min. knusprig braten, dann auf einer Servierplatte anrichten und mit dem Dip servieren.

Noch einfacher
Statt Tomaten-Dip einfach Ketchup oder süße Chili-Sauce zu den Bohnenbuletten genießen. Dann die Bohnenmasse noch mit je 1 kräftigen Prise gemahlenem Koriander, Kardamom und Cayennepfeffer würzen.

SÜSSKARTOFFEL-CURRY MIT SPINAT

Muntermacher nach einem langen Arbeitstag

FÜR 2 PERSONEN
25 Min. Zubereitung
Pro Portion ca. 360 kcal,
8 g EW, 9 g F, 63 g KH

100 g TK-Blattspinat (am besten ganze Blätter)
100 g Basmati-Reis
1 EL Butterschmalz (ersatzweise Öl)
1 Süßkartoffel (ca. 250 g)
1 Stück frischer Ingwer (ca. 1 cm lang)
je 1 Msp. gemahlene Kurkuma, Chilipulver und gemahlener Kardamom (s. Tipp)
1 Prise Zimtpulver
Salz | Pfeffer

1 Den Spinat aus dem Tiefkühlfach nehmen. Reis in einem Sieb abbrausen, in einem Topf mit gut 200 ml Wasser aufkochen, dann bei kleiner Hitze zugedeckt gut 15 Min. köcheln lassen.

2 Schon während das Wasser mit dem Reis aufkocht, das Butterschmalz sanft in einer Pfanne erhitzen. Parallel dazu die Süßkartoffel schälen und in knapp 1 cm große Würfel schneiden.

3 Den Ingwer schälen, reiben und im heißen Butterschmalz bei kleiner Hitze ca. 1 Min. andünsten. Die Hitze erhöhen und die Süßkartoffelwürfel zum Ingwer geben. Kurkuma, Chilipulver, Kardamom und Zimt darüberstäuben, die Süßkartoffeln mit Salz und Pfeffer würzen. 200 ml Wasser angießen und aufkochen.

4 Die Süßkartoffeln zugedeckt in ca. 15 Min. weich köcheln, nach knapp 5 Min. den Spinat dazugeben, mitköcheln und dabei auftauen lassen. Das Gemüse-Curry nochmals abschmecken, auf zwei tiefe Schalen verteilen und mit dem Basmati-Reis servieren.

Noch einfacher
Statt Kurkuma, Chili, Kardamom und Zimt kannst du auch ½ TL Currypulver verwenden und am Schluss das Curry noch mit 1 Prise Garam Masala würzen.

Tuning-Tipp
Sind noch Kirschtomaten da? Dann hinein damit ins Curry! Die Tomaten waschen, halbieren oder vierteln und zum Schluss ca. 2 Min. mitgaren. Falls du Kokos-Chips im Vorrat hast, kannst du sie noch über dein Curry streuen.

OHNE-KOCHEN-REZEPTE – GANZ EASY

Heute ist es heiß hergegangen? Das Telefon hat nicht stillgestanden – bis zur letzten Minute war die Hölle los? Und jetzt hast du keine Lust mehr auf Kochgedöns? Dann gib dir und deinem Herd hitzefrei! Zauber Salate ohne große Schnippelei! Pimp den (Fertig-)Pizzateig. Lass Backofen, Toaster und Wasserkocher ran! So wird's ein cooler Feierabend.

OBATZDA MIT BREZEL UND RADIESERL

Feierabend auf bayerische Art – an Guadn!

FÜR 2 PERSONEN
15 Min. Zubereitung
Pro Portion ca. 500 kcal,
23 g EW, 30 g F, 34 g KH

FÜR DEN OBATZDA:
1 EL Butter
150 g weicher milder Camembert (ersatzweise Almkäse oder Brie)
1 TL Tomatenmark
2 EL Bier (ersatzweise Apfelsaft)
2 EL Frischkäse
Salz | Pfeffer
1 TL TK-Schnittlauch
1 TL edelsüßes Paprikapulver

AUSSERDEM:
1 kleine rote Zwiebel
6 Radieschen
2 Laugenbrezeln

1 Für den Obatzda die Butter aus dem Kühlschrank nehmen. Die Käserinde vom Camembert entfernen, d. h. wegkratzen oder hauchdünn abschneiden. Den Käse mit der Butter, dem Tomatenmark, dem Bier und dem Frischkäse in eine Schüssel geben.

2 Die Zutaten in der Schüssel mit Salz, Pfeffer, Schnittlauch und Paprikapulver bestreuen, dann mit einer Gabel gut zerdrücken und vermengen. Es muss aber keine homogene Masse werden. Den fertigen Obatzda in einem Schälchen bis zum Servieren kühl stellen. Wer ihn sofort essen möchte, stellt ihn noch kurz ins Tiefkühlfach.

3 Die Zwiebel schälen und in feine Würfel schneiden. Radieschen waschen, putzen und nach Belieben in dünne Scheiben schneiden. Den Obatzda nochmals abschmecken, mit den Zwiebeln bestreuen und mit den Brezeln und den Radieschen servieren.

Brotzeit-Tipps
Wer am Feierabend Obatzda dippen möchte, holt den Käse am besten schon morgens aus dem Kühlschrank. Oder stellt ihn nach dem Einkauf nicht mehr kühl. So lässt er sich am besten zerkleinern. Radieschen mit schönem frischen Grün gekauft? Dann ein paar Blättchen sehr fein hacken, 2 Radieschen putzen, waschen und in feine Stifte schneiden. Beides zusammen mit 3–4 EL Frischkäse und 1 EL Joghurt vermischen. Radieserl-Käse mit Salz und Pfeffer abschmecken und gleich genießen oder für morgen aufheben.

MATJES MIT APFEL UND PUMPERNICKEL

Mit Omega-3-Fettsäuren – gut fürs Gehirn!

FÜR 2 PERSONEN
20 Min. Zubereitung
Pro Portion ca. 500 kcal,
28 g EW, 41 g F, 16 g KH

100 g saure Sahne
3 EL Milch
1 TL Apfelessig (ersatzweise Aceto balsamico bianco)
1 Prise Zucker
Salz | Pfeffer
½ TL Senfsamen (ersatzweise süßer Senf)
3 Frühlingszwiebeln
1 kleiner rotbackiger Apfel
4 Matjeshering-Filets (2 doppelte Matjes)
½ Beet Kresse (nach Belieben)
2 Scheiben Pumpernickel

1 Saure Sahne mit Milch, Essig, Zucker, 1 winzigen Prise Salz, etwas Pfeffer und den Senfsamen glatt rühren. Falls die Sauce zu dickflüssig ist, noch etwas Wasser oder Milch unterrühren.

2 Die Frühlingszwiebeln putzen, waschen und in Ringe hobeln, schönes Grün fein hacken und für die Garnitur beiseitelegen. Die Frühlingszwiebelringe zur sauren Sahne geben.

3 Den Apfel waschen und vierteln. Das Kerngehäuse entfernen, die Viertel in Scheibchen hobeln. Die Fischfilets ohne den Schwanz quer in Stücke oder Streifen schneiden und diese mit den Apfelstücken unter die Sahnemischung heben.

4 Die Matjes-Mischung nochmals abschmecken und eventuell nachsalzen. Matjes auf Tellern oder in Gläsern anrichten und mit Frühlingszwiebelgrün bestreuen. Falls verwendet, die Kresse vom Beet schneiden und darüberstreuen. Mit Pumpernickel servieren.

Was anderes dazu?
Anstelle des Pumpernickels passen auch Pell- oder Bratkartoffeln oder die Majorankartoffeln von Seite 89 ganz wunderbar zum Matjes.

SALAT MIT PHYSALIS UND ROASTBEEF

Hier wird weder gekocht noch geschnippelt!

FÜR 2 PERSONEN
20 Min. Zubereitung
Pro Portion ca. 355 kcal,
12 g EW, 29 g F, 8 g KH

180 g gemischte würzige Salatblätter (z. B. Baby-Mangold, Rucola und zarter Baby-Spinat)
1 Handvoll Physalis (ersatzweise Weintrauben)
2 EL Aceto balsamico bianco (ersatzweise Weißweinessig)
1 TL Senf (am besten Dijon-Senf)
1 TL Honig | Salz | Pfeffer
4 EL Olivenöl
60 g Roastbeef in dünnen Scheiben (s. Tipp)
4 EL geröstete, gesalzene Pistazien (mit Schale)

1 Die Salatblätter verlesen, waschen und trocken schleudern. Die Salatblätter auf zwei Teller verteilen. Die Physalis von den braunen Papierhüllen befreien, dann in einem Sieb waschen, nach Belieben halbieren und über die Salatblätter streuen.

2 Den Essig mit Senf, Honig, Salz und Pfeffer verrühren, dann das Olivenöl unterrühren. Die Vinaigrette über die Salate träufeln.

3 Roastbeef-Scheiben zusammenrollen und auf den Salaten verteilen. Die Pistazien schälen, über die Salate streuen und diese sofort servieren. Dazu passt Fladenbrot sehr gut.

Kleiner Feierabend-Luxus
Verfeinere das Dressing statt mit Honig mit 1 TL Holunderblütensirup.

Austausch-Tipp
Statt Roastbeef kannst du auch Bündner Fleisch oder Pastrami verwenden. Pastrami ist geräuchertes Rindfleisch, das durch Gewürze und Kräuter eine besonders aromatische Note bekommt.

FLADENBROT-FLAMMKUCHEN MIT FEIGE UND SPECK

So schnell vorbereitet – da muss sich der Ofen beim Vorheizen beeilen.

FÜR 2 PERSONEN
10 Min. Zubereitung
10 Min. Backen
Pro Portion ca. 900 kcal,
28 g EW, 45 g F, 98 g KH

40 g geräucherter Schinken (z. B. Südtiroler Speck) in Scheiben
50 g Bergkäse
1 kleine rote Zwiebel
1 Fladenbrot (ca. 20 cm Ø)
150 g Crème fraîche | Salz
2 Feigen (ersatzweise 1 kleine Birne)
Pfeffer (frisch gemahlen)
1 Prise gemahlener Koriander (nach Belieben)

1 Den Backofen auf 220° vorheizen. Die Schinkenscheiben quer in Streifen schneiden. Den Bergkäse ohne die Rinde grob raspeln. Die Zwiebel schälen und fein hobeln, sodass Ringe entstehen.

2 Das Fladenbrot waagerecht halbieren. Die Hälften mit den Schnittflächen nach oben auf ein mit Backpapier belegtes Blech legen, mit der Crème fraîche bestreichen und leicht salzen.

3 Die Feigen waschen und senkrecht halbieren. Feigenhälften in schmale Spalten schneiden und diese dekorativ auf der Crème fraîche verteilen. Die Schinkenstreifen locker dazwischenlegen. Zwiebelringe auf den Brothälften verteilen. Die Fladenbrote mit dem geriebenen Bergkäse bestreuen, mit Pfeffer übermahlen und nach Belieben noch mit 1 Prise Koriander bestreuen.

4 Die Fladenbrot-Flammkuchen im heißen Ofen (Mitte) 5–10 Min. backen, dann in Stücke schneiden und gleich genießen.

NIZZA-BURGER

Ein Sandwich für zwei – für den perfekten Feierabend-Imbiss!

FÜR 2 PERSONEN
20 Min. Zubereitung
Pro Portion ca. 580 kcal,
28 g EW, 31 g F, 47 g KH

1 große Tomate (ca. 150 g)
4 Radieschen
1 hart gekochtes Ei
1 kleine Handvoll Basilikumblätter (von ½ Töpfchen)
1 Knoblauchzehe (möglichst frisch)
2 EL schwarze, entsteinte Oliven
2 Ciabatta-Brötchen
1 Dose Thunfisch in Olivenöl (140 g Abtropfgewicht)
1 EL Aceto balsamico bianco (ersatzweise Weißweinessig)
1 EL Kapern
2 EL Olivenöl
Salz | Pfeffer
4 Sardellenfilets

1 Die Tomate waschen, vom Stielansatz befreien und in Scheiben schneiden. Radieschen putzen, waschen und in Scheiben schneiden. Das Ei pellen und in Scheiben schneiden. Die Basilikumblätter in ein Sieb geben, waschen und trocken tupfen. Den Knoblauch schälen und längs halbieren. Die Oliven in Ringe schneiden.

2 Die Brötchen längs halbieren und die Hälften im Toaster knusprig rösten. Falls der Toaster zu klein ist: Den Backofengrill vorheizen und die Hälften mit den Schnittflächen nach oben unter den heißen Grillschlangen in ca. 1 Min. knusprig rösten.

3 Thunfisch abtropfen lassen, in einem Schälchen mit einer Gabel zerpflücken und mit dem Essig und den Kapern vermischen.

4 Die Brötchenhälften mit dem Knoblauch kräftig an den Schnittflächen einreiben. Je 1 EL Olivenöl über jede Schnittfläche träufeln.

5 Die Tomatenscheiben auf den unteren Brötchenhälften verteilen und mit Salz und Pfeffer würzen. Die Thunfischmischung auf den Tomatenscheiben verteilen. Eierscheiben auf den Thunfisch legen. Die Oliven und Radieschenscheiben darauf verteilen. Die Sardellen darüberlegen. Die Basilikumblättchen obendrauf streuen und zum Schluss die oberen Brötchenhälften auflegen.

6 Die Nizza-Burger sofort genießen (am besten mit Serviette) oder nach Belieben noch etwas durchziehen lassen.

Kleiner Feierabend-Luxus

Dein Gemüsehändler hat Ochsenherztomaten im Sortiment? Dann greif zu und belege den Burger mit dieser alten und wunderbar aromatischen Tomatensorte. Und die Gedanken fliegen ganz schnell weg vom brüllenden Chef in den letzten Südfrankreich-Urlaub.

PROST AUF DEN FEIERABEND!

Es gibt viele Getränke, die den Durst am Abend auf angenehme Art löschen, die uns aufheitern, aber nicht aufputschen, und die uns auch beim Alltag-Loslassen und Entspannen helfen können – sogar ohne Alkohol!

DAS RITUAL …

… sich gegen Abend für ein halbes Stündchen zum Sundowner zu treffen, wurde angeblich von Offizieren der britischen Marine erfunden. Damit schafften sie es, sich trotz unterschiedlicher Wachdienste auf dem Schiff wenigstens einmal am Tag vollzählig zu treffen. Doch nicht nur in England hat die »Blue hour« am Feierabend Tradition: Die Italiener nehmen nach der Arbeit gern einen »aperitivo«, z. B. einen Campari oder Aperol Spritz, in einer Bar. Die Franzosen treffen sich vor dem Essen mit der Familie zum »L' apéro«. Das kann ein Glas Weißwein, Rosé oder Cremant sein. Wir Deutschen lieben das Feierabendbier in der Eckkneipe. Das Gläschen trägt nicht nur durch den Alkohol zur Entspannung bei, vor allem auch das Zusammensein mit den Freunden hilft beim Abschalten.

SUNDOWNER – MAL KLASSISCH, MAL FRUCHTIG

Für einen klassischen Gin and Tonic ein Glas mit Eiswürfeln füllen. Von ½ kleinen Limette 1 dicken Schnitz für die Deko abschneiden, den Rest mit den Fingern direkt ins Glas auspressen. 50 ml Gin und 100 ml Tonicwater dazugießen. Einmal rühren, dann mit dem übrigen Limettenschnitz garnieren und langsam genießen. Für einen fruchtigen Sommercocktail 50 g Honigmelone im Mixer pürieren, mit 40 ml Wodka und 1 Spritzer Zitronensaft mixen und mit gut gekühltem Prosecco aufgießen.

TEE I

Ob Assam oder Darjeeling, Sencha oder Matcha – echte Teeblätter enthalten Koffein, grüne in der Regel bis zu drei Prozent, schwarze etwas mehr. Im Aufguss kann grüner Tee aber ebenso anregend wirken wie schwarzer, da sich das Koffein schneller löst. Wer sich von seinem Feierabendtee eher beruhigen lassen möchte, wählt China Keemun, einen magenfreundlichen und koffeinarmen Schwarztee, oder Formosa Oolong, eine halbfermentierte Teespezialität mit großem Geschmacksspektrum, aber sehr geringem Koffeingehalt. Oder du lässt schwarzen Tee ca. 5 Minuten ziehen. Nach 4 Minuten geben die Blätter Gerbstoffe ab, die das Koffein bremsen. Allerdings machen sie den Tee schnell bitter.

WARM-UP

Ingwer-Apple macht den Kopf frei und stärkt die Abwehrkräfte, wenn im Büro mal wieder alle husten und verschnupft sind: Für 1 Glas 1 haselnussgroßes Stück Ingwer schälen oder gründlich waschen, vierteln und mit 1 Glas Apfelsaft erhitzen, etwas ziehen lassen. Auch Hugo light wärmt Körper und Seele am winterlichen Feierabend: Dazu 1 Glas Orangensaft mit 1–2 EL Zitronensaft erhitzen. 1 Stängel Minze in einem Glas zerstoßen. Den warmen Saft darübergießen und alles mit Holundersirup süßen.

TEE II

»Entspann dich«, »Innere Harmonie« oder »Be happy« – im Reformhaus, Drogeriemarkt oder Bioladen findest du hundert Entspannungs- und Wellnesstees, die klangvolle Namen tragen. Aber aufgepasst: Die Fertigmischungen enthalten meistens künstliche Aromastoffe, oft auch viel Zucker. Wenn du das nicht möchtest, misch deinen Tee selbst: Beruhigend wirken Baldrian oder Eisenkraut (auch Verveine genannt), Kamille und Lindenblüten. Für 2 Tassen selbst gemachten Chai-Gewürztee ½ Zimtstange, 1 Sternanis, 1 TL Kardamomsamen, 2 Gewürznelken und 1 Msp. Ingwerpulver mit Wasser aufkochen und knapp 10 Min. köcheln lassen, dann 1 TL schwarzen Tee dazugeben und alles 4–5 Min. ziehen lassen. Den Tee abseihen, nach Geschmack mit Honig süßen und mit heißem Milch- oder Sojamilchschaum genießen.

KOKOSWASSER

Der perfekte Drink nach dem Feierabend-Workout. Denn die süßliche Flüssigkeit aus dem Inneren der Kokosnuss enthält (im Gegensatz zur weißen Kokosmilch) kein Fett, kaum Kalorien, aber reichlich Mineralstoffe wie Kalium, Calcium und Magnesium, dazu wichtige Spurenelemente.

OHNE KOCHEN, OHNE KAUEN

Wenn du heute zu gar nichts Lust hast, mix einen Gemüse-Smoothie. Dazu 1 Apfel schälen, vierteln und entkernen. Die Stückchen in einen Mixer oder hohen Rührbecher geben. 1 kleine Avocado halbieren und entkernen. Das Fruchtfleisch aus der Schale löffeln und dazugeben. 1 Handvoll gewaschene Baby-Spinat- oder Salatblätter, nach Belieben noch 1 kleines Stück Papaya- oder Mangofruchtfleisch (falls du es gerade da hast) dazugeben. Den Saft von 1 Orange und eventuell etwas Mineralwasser dazugießen und alles im Mixer oder mit dem Pürierstab pürieren. Im Sommer Eiswürfel untermixen. Wagemutige nehmen statt Salat oder Spinat auch Kräuter wie Zitronenmelisse oder Petersilie oder verwenden Grünkohlblätter oder Löwenzahn.

COUSCOUS-SALAT MIT GRAPEFRUIT

Für den erfrischenden Salat kocht nur der Wasserkocher, alle anderen dürfen schön cool bleiben.

FÜR 2 PERSONEN
20 Min. Zubereitung
Pro Portion ca. 305 kcal,
7 g EW, 15 g F, 34 g KH

½ Bio-Zitrone
60 g Instant-Couscous
1 TL Gemüsebrühe (Instant)
1 kleine Pink-Grapefruit
½ rote Chilischote
Salz | Pfeffer
½ TL brauner Zucker
2 EL Olivenöl
1 größere Tomate (ca. 120 g)
1 Mini-Gurke
2 Stängel Minze
4 Stängel Petersilie
100 g Sahnejoghurt
1 kleine Knoblauchzehe

1 150 ml Wasser aufkochen. Zitrone heiß waschen, abtrocknen und ½ TL Schale fein abreiben. Couscous in eine Schüssel geben, das Brühepulver darüberstreuen. Wenn das Wasser kocht, dieses sofort über den Couscous gießen. Couscous ca. 10 Min. ziehen lassen, dabei ab und zu mit einer Gabel auflockern.

2 Inzwischen die Grapefruit halbieren. Die Fruchtstückchen mit einem Teelöffel herausheben, dabei 1 EL Saft auffangen. Die Stückchen nach Belieben noch in kleinere Stücke schneiden. Chilihälfte waschen, entkernen und in feine Streifchen schneiden.

3 In einer Salatschüssel 1 EL Grapefruitsaft mit Salz, Pfeffer und Zucker verrühren, dann das Öl und die Chilistreifen unterrühren.

4 Die Tomate waschen, vom Stielansatz befreien, fein würfeln und mit den Grapefruitstückchen zum Dressing geben. Gurke waschen, längs vierteln und entkernen. Die Gurkenviertel quer in Würfelchen schneiden und zur Tomatenmischung geben.

5 Die Kräuter waschen und trocken schütteln. Die Blättchen mit den zarten Stielen abschneiden, diese hacken und zusammen mit dem gequollenen Couscous zu der Tomatenmischung geben. Alles vorsichtig vermischen und noch etwas ziehen lassen.

6 Den Joghurt mit der Zitronenschale verrühren. Den Knoblauch schälen, dazupressen und unterrühren. Sauce mit Salz und Pfeffer abschmecken. Salat nochmals mit Salz und Pfeffer abschmecken und servieren, die Joghurtsauce getrennt dazu reichen.

KICHERERBSEN-SALAT MIT FETA

Der Sattmacher-Salat mit einer Extra-Portion Eiweiß

FÜR 2 PERSONEN
15 Min. Zubereitung
Pro Portion ca. 335 kcal,
15 g EW, 21 g F, 20 g KH

1 EL Aceto balsamico bianco (ersatzweise Weißweinessig)
Salz | Pfeffer
1 Msp. Honig
2 EL Olivenöl
150 g Kirschtomaten
1 Möhre
1 kleine rote Zwiebel
1 gelbe Spitzpaprika
4 Stängel Petersilie
1 Dose Kichererbsen (240 g Abtropfgewicht)
100 g Schafskäse (Feta)

1 In einer Salatschüssel den Essig, Salz, Pfeffer und Honig mit einer Gabel verrühren, dann das Olivenöl unterrühren.

2 Die Tomaten waschen, vierteln und dazugeben. Die Möhre putzen, schälen, längs vierteln und quer in feine Scheiben hobeln oder schneiden. Möhrenscheibchen zu den Tomaten geben.

3 Die Zwiebel schälen und fein würfeln. Paprika längs halbieren, von Trennwänden und Kerne befreien, erst längs in breite Streifen, dann quer in Stückchen schneiden und zusammen mit den Zwiebelwürfeln zu Tomaten, Möhrenscheiben und Dressing geben.

4 Die Petersilie waschen und trocken schütteln. Die Blätter mit den zarten Stielen in Streifchen schneiden. Kichererbsen in ein Sieb abgießen, abtropfen lassen und zusammen mit der Petersilie zum Salat geben. Schafskäse dazubröckeln. Salat gut durchmischen und servieren, bei großem Hunger mit Fladenbrot.

Austausch-Tipp
Statt Schafskäse kannst du für den Salat auch eine kleine Dose Thunfisch in Olivenöl nehmen. Den Thunfisch etwas abtropfen lassen, mit einer Gabel zerpflücken und untermischen.

FEIERABEND-BOWL

Zwei schöne Schalen bereitstellen, alles schnell reinstapeln – und dann gaaaaaanz in Ruhe genießen!

FÜR 2 PERSONEN
15 Min. Zubereitung
Pro Portion ca. 600 kcal,
16 g EW, 56 g F, 7 g KH

½ Bio-Limette
(ersatzweise ½ Bio-Zitrone)
1 große Avocado
1 Handvoll Baby-Blattspinat
1 Handvoll Basilikumblätter
(von ca. ½ Töpfchen)
100 g Kirschtomaten | Salz
125 g Mini-Mozzarellakugeln
1 kleiner Zucchino
4 EL grüne, entsteinte Oliven
½ TL Honig | Pfeffer
3 EL Olivenöl

1 Die Limettenhälfte heiß waschen und abtrocknen. ½ TL Schale abreiben, den Saft auspressen. Avocado halbieren und entkernen. Das Fruchtfleisch im Ganzen mit einem Löffel aus den Schalen heben und in dünne Scheiben schneiden. Die Scheiben auf zwei Schalen verteilen und mit 1 EL Limettensaft beträufeln.

2 Die Spinatblätter verlesen, zusammen mit den Basilikumblättchen in einer Salatschleuder waschen und trocken schleudern. Spinat- und Basilikumblätter dann auf die Schalen verteilen.

3 Die Tomaten waschen, halbieren, ganz leicht salzen und auf die Schalen verteilen. Mozzarellakugeln abtropfen lassen, halbieren und dazugeben. Zucchino waschen, abtrocknen, putzen und längs vierteln. Die Viertel quer in dünne Scheibchen schneiden oder hobeln und zusammen mit den Oliven in die Schalen geben.

4 2 EL Limettensaft mit dem Honig, Salz, Pfeffer und der Limettenschale verquirlen, dann das Olivenöl unterrühren. Dressing über die Bowls träufeln. Die Feierabend-Bowls sofort servieren.

ASIA-INSTANT-SOUP

Ein heißes Süppchen, das kaum Arbeit macht. Der Ofen hat Pause.

FÜR 2 PERSONEN
15 Min. Zubereitung
Pro Portion ca. 165 kcal,
7 g EW, 4 g F, 25 g KH

80 g Tofu
2 dünne Frühlingszwiebeln
1 kleine Handvoll Baby-Blattspinat
50 g Glasnudeln (ersatzweise Instant-Mie-Nudeln)
1 EL Gemüsebrühe (Instant)
1 Stück frischer Ingwer (knapp 1 cm lang; nach Belieben)
2 EL Sojasauce

1 Gut 600 ml Wasser im Wasserkocher aufkochen. Den Tofu in kleine Würfel schneiden. Die Frühlingszwiebeln putzen, waschen und samt dem zarten Grün in feine Ringe schneiden oder hobeln. Den Blattspinat verlesen, waschen und trocken schleudern. Dann die Spinatblätter in Streifen schneiden.

2 Die Nudeln in kleinen Stückchen vom Block abbrechen und auf zwei große Schalen oder Gläser (à ca. 400 ml Inhalt) verteilen.

3 Brühepulver, Spinatstreifen, Frühlingszwiebeln und Tofuwürfel ebenfalls auf die Schalen oder Gläser verteilen. Den Ingwer – falls verwendet – schälen und dazureiben. Sobald das Wasser sprudelnd kocht, die Zutaten sofort damit begießen.

4 Die Suppen zugedeckt (z. B. mit Tellern) ca. 5 Min. ziehen lassen, dann umrühren, mit Sojasauce abschmecken und servieren.

Austausch-Tipp
Keine Lust auf Veggie-Soup? Die Suppe schmeckt auch sehr gut mit gegarten, geschälten Garnelen statt Tofu.

GURKEN-AVOCADO-SUPPE

Schneller Cool-down nach einem turbulenten Tag

FÜR 2 PERSONEN
10 Min. Zubereitung
Pro Portion ca. 505 kcal,
14 g EW, 39 g F, 25 g KH

2 kleine Mini-Gurken (ersatzweise ½ Salatgurke)
1 Avocado
2 EL Zitronensaft
1 EL Olivenöl
200 g Sahnejoghurt
ca. 200 ml Mineralwasser
Salz | Pfeffer
1 Beet Kresse
2 Scheiben Räucherlachs (nach Belieben)
2 Grissini (nach Belieben)

1 Die Gurken schälen, putzen und längs halbieren. Die Kerne mit einem Löffel herauskratzen. Die Hälften grob in Stücke schneiden oder würfeln, ein paar schöne Würfelchen beiseitelegen, den Rest in einen Rührbecher oder Mixer geben.

2 Die Avocado längs halbieren, den Stein entfernen. Das Fruchtfleisch mit einem Löffel aus den Schalen kratzen und in den Becher oder Mixer geben. Zitronensaft und das Öl darüberträufeln.

3 Joghurt, gut 100 ml Mineralwasser, Salz und Pfeffer dazugeben und alles im Mixer oder mit dem Pürierstab fein pürieren, je nach gewünschter Konsistenz noch mehr Wasser untermixen.

4 Die Suppe mit Salz und Pfeffer abschmecken und dann auf zwei Schalen verteilen. Die Gurkenwürfel darauf verteilen. Die Kresse vom Beet schneiden und auf die Suppe streuen.

5 Die Lachsscheiben – falls verwendet – um die Grissini wickeln bzw. ziehharmonikaartig auf Spieße ziehen. Lachsgrissini bzw. -spieße über die Schalen legen und die Suppen sofort servieren.

Für eine Veggie-Variante …
… 2 getrocknete, in Öl eingelegte Tomaten und 2 Artischockenherzen (aus dem Glas) auf Spieße ziehen und über die Schalen legen.

PIZZA MIT ZIEGENKÄSE, PARMASCHINKEN UND RUCOLA

Frisch getoppt mit feinen Zutaten – da kann keine TK-Pizza mithalten.

FÜR 2 PERSONEN
10 Min. Zubereitung
20 Min. Backen
Pro Portion ca. 750 kcal,
30 g EW, 39 g F, 68 g KH

50 g Parmaschinken in dünnen Scheiben
1 runder Pizzateig (ca. 28 cm Ø; 270 g; Kühlregal)
1 kleines Bund Rucola
100 g passierte Tomaten (aus dem Tetrapak)
1 TL Tomatenmark
½ TL getrockneter Oregano
3 EL Olivenöl | Salz
1 kräftige Prise Zucker
1 Knoblauchzehe
100 g Ziegenkäse natur (Schnittkäse) in Scheiben
4 Artischockenherzen (aus dem Glas)

1 Backofen auf 250° vorheizen. Parmaschinken aus dem Kühlschrank nehmen. Den aufgerollten Pizzateig entrollen und mit dem Papier auf ein Backblech legen. Den Rucola im Bund waschen und trocken schütteln, die groben Stiele abschneiden. Anschließend die Rucolablätter zum Abtropfen auf Küchenpapier legen.

2 In einer Schüssel Tomaten, Tomatenmark, Oregano, 1 EL Olivenöl, Salz und Zucker verrühren. Knoblauch schälen und dazupressen. Die Tomatensauce auf dem Pizzateig verstreichen.

3 Falls nach Packungsangabe nötig, die Ofentemperatur auf 220° reduzieren. Pizza dann im heißen Ofen (Mitte) in 15–20 Min. knusprig backen, nach 10 Min. Backzeit die Käsescheiben darauf verteilen. Die Artischocken daraufsetzen und die Pizza weiterbacken. Der Ziegenkäse soll nur schmelzen, nicht bräunen.

4 Die fertige Pizza aus dem Ofen nehmen, mit Schinken und den Rucolablättern belegen und ofenfrisch servieren.

Du hast rechteckigen Teig gekauft?
Kein Problem! Für den backblechgroßen Teig brauchst du 150 g passierte Tomaten und 2 TL Tomatenmark. Nimm auch ein paar Artischocken zusätzlich und etwas mehr Schinken und Rucola. Reststücke schmecken auch am nächsten Tag noch sehr gut, z. B. als kleiner Snack in der Mittagspause.

SÜSSKARTOFFEL-TOAST MIT AVOCADO-CHILI-DIP

Snack aus dem Toaster

FÜR 2 PERSONEN
25 Min. Zubereitung
Pro Portion ca. 620 kcal,
7 g EW, 50 g F, 35 g KH

1 große möglichst gerade Süßkartoffel (ca. 300 g)
1 kleines Bund Basilikum
2 kleine reife Avocados
3 EL Zitronensaft
2 EL Olivenöl
1 Msp. Chilipulver (ersatzweise Cayennepfeffer)
Salz | Pfeffer
1 Fleischtomate
1 Beet Kresse

1 Die Süßkartoffel sehr gut waschen und trocken tupfen, dann rechts und links eine schmale Scheibe mit Schale abschneiden und entfernen. Den Rest der Kartoffel längs in knapp 1 cm dicke Scheiben schneiden. Die Süßkartoffelscheiben jeweils nebeneinander in den Toaster stecken und mindestens zweimal auf höchster Stufe toasten, bis sie innen weich und außen leicht gebräunt sind.

2 Inzwischen das Basilikum waschen und trocken schütteln, die Blättchen abzupfen. Die Avocados halbieren, die Steine entfernen. Das Fruchtfleisch mit einem Löffel aus den Schalen kratzen und mit 2 EL Zitronensaft und 1 EL Öl in einen hohen Becher geben.

3 Ein paar Basilikumblätter beiseitelegen, den Rest in den Becher geben. Das Chilipulver dazugeben. Alles mit dem Pürierstab feincremig pürieren, dann den Dip mit Salz, Pfeffer und eventuell etwas mehr Zitronensaft würzen und abschmecken.

4 Die Tomate waschen, den Stielansatz entfernen und das Fruchtfleisch anschließend in Scheiben schneiden.

5 Die Süßkartoffel-Toasts auf zwei große Teller legen, mit dem restlichen Öl (1 EL) bepinseln und mit Salz würzen. Tomatenscheiben darauflegen und mit Salz und Pfeffer würzen. Die Kresse vom Beet schneiden. Den Avocado-Dip auf die Tomatenscheiben häufeln. Die Süßkartoffel-Toasts mit der Kresse und den beiseitegelegten Basilikumblättchen bestreuen und servieren.

Kleiner Feierabend-Luxus
Dir lachen superfrische Alfalfa-Sprossen aus dem Kühlregal entgegen? Dann schnapp sie dir und streu sie anstelle der Kresse über die Toasts.

LACHS AUF ORANGEN-FENCHEL

Pack und back: Lachs und Fenchel garen von allein. Und ein Sößchen gibt's auch noch dazu.

FÜR 2 PERSONEN
20 Min. Zubereitung
20 Min. Garen im Ofen
Pro Portion ca. 630 kcal, 42 g EW, 47 g F, 8 g KH

2 EL weiche Butter
1 große Knolle Fenchel mit frischem Grün
Salz | Pfeffer
1 kleine Bio-Orange
2 kleine Lachskoteletts (à ca. 200 g; ersatzweise aufgetaute TK-Lachsfilets)
1 EL TK-Schnittlauch
50 g Doppelrahm-Frischkäse

AUSSERDEM:
2 Bögen festes Backpapier

1 Den Backofen auf 210° vorheizen. Backpapier nebeneinander auf ein Backblech legen und mit etwas Butter hauchdünn bestreichen.

2 Den Fenchel waschen, schönes Grün abzupfen und kleiner zupfen. Fenchel längs halbieren, vom Strunk befreien und bis zu den Stängeln in hauchdünne Streifen hobeln. Fenchelscheibchen leicht salzen und pfeffern und in der Mitte der beiden Papiere verteilen. Die restliche Butter in Flöckchen darauf verteilen.

3 Die Orange heiß waschen und abtrocknen. Dann 1 TL Schale abreiben. Restliche Schale sehr großzügig samt der weißen Haut bis ins Fruchtfleisch abschneiden. Die Filets herausschneiden, diese kleiner schneiden und zum Fenchel aufs Papier geben.

4 Die Lachskoteletts waschen, trocken tupfen und jeweils auf das Gemüse setzen. Lachs leicht salzen und pfeffern.

5 Schnittlauch, Fenchelgrün, abgeriebene Orangenschale, Frischkäse, Salz und Pfeffer in eine Schüssel geben, mit einer Gabel gut vermischen und in die freie Mitte der Lachskoteletts geben.

6 Das Papier über dem Lachs mehrfach zusammenfalten und an den Seiten zusammendrehen, es sollen zwei luftige Bonbon-Pakete entstehen. Das Backblech in den heißen Ofen (Mitte) schieben und Lachs und Gemüse 15–20 Min. garen. Die Päckchen auf Teller legen und erst bei Tisch öffnen. Dazu passt Baguette.

Noch bequemer
Fertige Kräuter-Crème-fraîche statt Frischkäse-Topping verwenden. Gemüse und Lachs auf geölte Alufolie geben. Die ist nicht so umweltfreundlich wie Backpapier, lässt sich aber schneller verschließen.

RATZFATZ-SOULFOOD – NACH EINEM MIESEN TAG

»Pleiten, Pech und Pannen« war das Motto des Tages? Morgens verschlafen, die U-Bahn verpasst und dann zu spät zum Meeting gekommen? Das noch dazu langweilig war? Mit einem Kollegen aneinandergeraten, oder gar mit der Chefin? Dann abends schnell ein Erste-Hilfe-Lieblingsgericht kochen, ab damit aufs Sofa und statt des Ärgers was richtig Leckeres runterschlucken!

CLAFOUTIS MIT TOMATEN

Pfannkuchen aus dem Ofen – schnell gerührt und ohne Bratstress!

FÜR 2 PERSONEN
10 Min. Zubereitung
20 Min. Backen
Pro Portion ca. 340 kcal,
20 g EW, 18 g F, 25 g KH

30 g Parmesan
2 Zweige Thymian (ersatzweise ½ TL getrockneter Thymian)
120 g Kirschtomaten
3 Eier (M)
2 EL Milch
Salz | 1 Prise Zucker
60 g Mehl

AUSSERDEM:
2 Förmchen (ca. 12 cm Ø)
Butter für die Förmchen

1 Den Backofen auf 190° vorheizen. Die Förmchen mit Butter gründlich ausstreichen. Den Parmesan reiben. Den Thymian waschen und trocken schütteln. Die Blättchen abstreifen.

2 Die Kirschtomaten waschen. Die Tomaten in den Formen verteilen und mit der Hälfte des Thymians bestreuen.

3 Eier, Milch, ¼ TL Salz und 1 Prise Zucker in einer Rührschüssel mit den Quirlen des Handrührgeräts schaumig rühren. Parmesan und Mehl unterrühren. Die Mischung über die Tomaten geben.

4 Clafoutis in den Förmchen im heißen Ofen (Mitte) ca. 20 Min. backen, dann mit den übrigen Thymianblättchen bestreut servieren.

Kleiner Feierabend-Luxus
Besonders schön sehen die Clafoutis übrigens aus, wenn du sie mit bunten Kirschtomaten in Gelb, Orange und Rot zubereitest.

Gibt's noch was Frisches im Gemüsefach?
Zu den Clafoutis passt wunderbar ein grüner Salat oder Gurkensalat, angemacht mit einem Schnittlauch-Sahne-Dressing. Dafür 2 EL Sahne (oder Joghurt) mit 1 TL Zitronensaft (oder Aceto balsamico bianco), Salz, Pfeffer und 1 TL TK-Schnittlauch verrühren.

FELDSALAT MIT FEIGE UND ROQUEFORT

Frisches Grün und Orange für den Winter

FÜR 2 PERSONEN
20 Min. Zubereitung
Pro Portion ca. 405 kcal,
15 g EW, 33 g F, 12 g KH

2 EL Haselnusskerne
100 g Feldsalat
2 kleine Möhren
100 g Edelpilzkäse
(z. B. Roquefort)
50 g Sahne
½ EL Aceto balsamico bianco
(ersatzweise Weißweinessig)
1 EL TK-Schnittlauch
Salz | Pfeffer
2 Feigen (ersatzweise 1 Birne)

1 Die Haselnusskerne grob hacken und in einer Pfanne ohne Fett kurz anrösten, bis sie duften. Nüsse aus der Pfanne nehmen.

2 Den Feldsalat verlesen und grobe Wurzelbüschel abschneiden. Blätter waschen, trocken schleudern und auf zwei Teller verteilen. Die Möhren putzen, schälen und in dünne Scheiben hobeln. Die Scheibchen über die Salate streuen.

3 Dann 1 kleines Stückchen Edelpilzkäse (ca. 10 g) in einer kleinen Schüssel mit einer Gabel zerkleinern. Die Sahne mit dem Schneebesen unterrühren. Den Essig und den Schnittlauch unterrühren. Das Dressing mit Salz und Pfeffer abschmecken.

4 Übrigen Käse (90 g) zerbröckeln und auf den Salaten verteilen. Dressing darüberträufeln. Die Feigen waschen, in Spalten schneiden und auf den Salaten anrichten. Die Haselnüsse darüberstreuen.

Kleiner Feierabend-Luxus
Für ein chilischarfes Knuspertopping 2 EL Zucker in einer Pfanne schmelzen lassen. Ein Stück Backpapier auf einen Teller legen. Sobald der Zucker flüssig ist, die Pfanne vom Herd nehmen und die gehackten Haselnusskerne darin schwenken. Nüsse mit Salz und 1 Prise Chiliflocken oder Pul biber würzen, auf das Backpapier geben und fest werden lassen. Nach wenigen Minuten lassen sich die Karamellplatten auseinanderbrechen und über die Salate streuen.

TARTE MIT RADICCHIO, RICOTTA UND TRAUBEN

Gegen den Herbstblues am Feierabend

FÜR 2 PERSONEN
10 Min. Zubereitung
20 Min. Backen
Pro Portion ca. 875 kcal,
24 g EW, 63 g F, 55 g KH

1 Rolle viereckiger Blätterteig (ca. 270 g; Kühlregal)
40 g Emmentaler
200 g Ricotta
Salz | Pfeffer
1 Knoblauchzehe (nach Belieben)
1 kleiner Kopf Radicchio (ca. 100 g)
1 Handvoll kernlose, helle Weintrauben
2 EL Walnusskerne

1 Den Backofen auf 220° vorheizen. Den aufgerollten Blätterteig entrollen und mit dem Papier auf ein Backblech legen. Den Blätterteig mit einer Gabel mehrmals einstechen. Emmentaler reiben.

2 Den Ricotta kräftig mit Salz und Pfeffer würzen. Knoblauch, falls verwendet, schälen und dazupressen. Den Ricotta auf dem Blätterteig verstreichen, dabei einen etwa 2 cm breiten Rand frei lassen.

3 Den Radicchio vom Strunk befreien und in Streifen schneiden. Die Streifen waschen, trocken schleudern und auf dem Ricotta verteilen. Weintrauben waschen, halbieren und auf der Tarte verteilen. Geriebenen Käse und Walnüsse darüberstreuen.

4 Die Ofentemperatur auf knapp 200° herunterschalten. Das Blech auf der 2. Schiene von unten in den Ofen schieben und die Tarte in ca. 20 Min. goldbraun backen. Heiß oder lauwarm genießen.

GEFÜLLTES PITA-BROT

Für Feta-Fans am Feierabend

FÜR 2 PERSONEN
20 Min. Zubereitung
Pro Portion ca. 420 kcal,
18 g EW, 19 g F, 42 g KH

100 g Schafskäse (Feta)
1 kleine Mini-Gurke
1 Tomate
Salz | Pfeffer
2 EL schwarze, entsteinte Oliven
1 Frühlingszwiebel
100 g Joghurt
1 EL grünes Pesto
2 Pita-Brote zum Aufbacken

1 Den Backofen auf 200° (oder nach Packungsangabe der Pitas) vorheizen. Den Feta klein würfeln und in eine Schüssel geben. Die Gurke waschen oder schälen, längs vierteln und würfeln. Die Tomate waschen, vom Stielansatz befreien und in Würfel schneiden. Beides vorsichtig salzen und pfeffern und zum Feta geben.

2 Die Oliven halbieren und dazugeben. Frühlingszwiebel putzen, waschen und in feine Ringe schneiden. Die Frühlingszwiebelringe zur Feta-Gemüse-Mischung geben und alles gut vermengen.

3 Die Pita-Brote im heißen Backofen (Mitte) nach Packungsangabe in 4–5 Min. aufbacken. Inzwischen den Joghurt mit dem Pesto verrühren und mit Salz und Pfeffer abschmecken.

4 Die Pita-Brote aufschneiden (Vorsicht heiß!), aber nicht durchschneiden. Es soll jeweils eine Tasche entstehen. Die Brote sofort mit der Fetamischung füllen und nach Belieben noch mal kurz in den Backofen geben, damit der Schafskäse anschmilzt. Zum Schluss die Joghurtsauce mit einem Löffel einfüllen. Brote dann sofort servieren, am besten in einer Serviette oder Butterbrottüte.

WRAPS MIT LIMETTEN-MAYO, SCHINKEN UND MELONE

Schnell gewickelt

FÜR 2 PERSONEN
20 Min. Zubereitung
Pro Portion ca. 370 kcal,
10 g EW, 18 g F, 41 g KH

½ Bio-Limette
2 EL Mayonnaise (ersatzweise Frischkäse)
1 EL Joghurt
Salz | Pfeffer (frisch gemahlen)
2 Mais- oder Weizentortillas (ca. 20 cm Ø)
50 g gemischte Salatblätter
2 große, dünne Scheiben gekochter Schinken
1 Stück Honigmelone (ungeputzt ca. 200 g)

1 Die Limettenhälfte heiß waschen und abtrocknen. 1 TL Schale abreiben und etwas Saft auspressen. Die Mayonnaise in einem Schälchen mit dem Joghurt sowie der Limettenschale verrühren und die Limetten-Mayo mit Salz und etwas Pfeffer abschmecken.

2 Die Tortillas nach Packungsangabe in einer Pfanne ohne Fett ca. 1 Min. pro Seite erhitzen, dann auf die Arbeitsfläche legen.

3 Inzwischen die Salatblätter waschen und trocken schleudern. Die Tortillafladen mit der Mayonnaisecreme bestreichen, dabei jeweils einen Rand von 2–3 cm freilassen. Die Salatblätter darauf verteilen. Anschließend auf jeden Fladen 1 Scheibe Schinken legen.

4 Das Melonenstück schälen, die Kerne mit einem Löffel auskratzen. Das Fruchtfleisch in dünne Scheibchen schneiden und auf dem Schinken verteilen. Melonenscheibchen mit 1 EL Limettensaft besprenkeln und mit Pfeffer übermahlen.

5 Die Tortillafladen rechts und links ein wenig einschlagen, Wraps dann von unten nach oben eng aufrollen und vor dem Genießen schräg halbieren. Wraps auf zwei Teller legen und servieren.

Kleiner Feierabend-Luxus
Extrafein schmecken die Wraps mit Papaya statt Melone. Und statt Kochschinken kannst du auch Parma-, Serrano- oder San-Daniele-Schinken einwickeln.

EINFACH MAL ABSCHALTEN …

… das ist gar nicht so leicht. Weil unser Gehirn kein Computer ist, der sich auf Knopfdruck ausknipsen lässt. Und so schwirrt das verpatzte Meeting vom Vormittag auch am Feierabend noch durch unsere Gedanken, macht sich dort breit und nimmt auch auf dem Sofa mit Platz.

JETZT IST ZEIT FÜR EIN LÄCHELN!

Auch wenn einem gerade gar nicht danach zumute ist: Studien haben bewiesen, dass beim Ausatmen und gleichzeitigem Lächeln Nachdenken und Grübeln unmöglich ist. Also Augen zu, ausatmen und dabei die Mundwinkel hoch: Cheeeeeeeese! Kleine Pause für dein strapaziertes Gehirn.

ACHTSAMES ATMEN

Wer Yoga macht, weiß: Das bewusste und vollständige Ein- und Ausatmen hilft, sich auf den Körper zu konzentrieren und so den Kopf frei zu machen. Eine einfache Übung: Setz dich bequem hin und atme langsam und tief durch die Nase ein (wenn du willst, kannst du dabei in Gedanken bis vier zählen). Dann atme ebenso langsam wieder aus. Wiederhole das ein paar Mal. Das Atmen hilft, bei sich selbst anzukommen – besonders nach einem hektischen Tag.

GUT GEMACHT!

Es gab heute nicht nur das Meeting. Statt immer wieder zu überlegen, wie es hätte besser laufen können, ruf dir lieber bewusst auf, was an diesem Tag geklappt hat. Nach dem Meeting gab es doch neben der Espressomaschine noch das nette Gespräch mit der Kollegin, später ein Dankeschön am Telefon von einem sonst nervigen Kunden. Und eine wichtige Mail hast du auch rausgeschickt. Denk nicht darüber nach, was heute liegengeblieben ist, sondern mach dir klar, was heute gut war. Das Negative aus den Gedanken ausblenden und das Positive sehen und damit sich selbst wertschätzen – das fällt vielen Menschen (vor allem Frauen) schwer. Schreib mal ein Tagebuch der Freude!

AROMATHERAPIE

Düfte können unser Wohlbefinden beeinflussen. (Kommt natürlich auf den Duft an, funktioniert bei ekligen Gerüchen leider auch im umgekehrten Sinn.) So zeigten Forscher, dass ein jasminähnlicher Duft im Gehirn fast die gleiche Wirkung erzielt wie ein starkes Beruhigungsmittel – zumindest bei Mäusen. Wenn du eine Duftlampe hast: Besonders Orange, Rose, Lavendel und Bergamotte gelten als Aromen, die dich nach einem stressigen Tag aufheitern können. Oder schnupper an deinem Lieblingsparfum. Auch das kann Endorphine wecken. Und wenn du dir zum Abschalten ein Glas Rotwein gönnst: Genieß auch bewusst das Bukett von Kirsche, Vanille oder Beere.

ENTSCHLEUNIGEN UNTER FREIEM HIMMEL

Mit den unterschiedlichen Grüntönen eines Strauchs oder dem klaren Blau eines Teichs, dem Rascheln der Blätter oder dem Duft von Gras oder Moos spricht die freie Natur all unsere Sinne an. Und das beruhigt unseren Geist, wie Hirnforscher herausfanden. Deshalb lohnt im Sommer nach Feierabend ein kleiner Umweg durch den Park oder die Auen, ein Ausflug an den Fluss oder in den kleinen Stadtwald. Du musst nicht gleich Bäume umarmen. Setz dich für ein paar Minuten auf eine Bank, hör und schau der Natur beim Dasein zu. Vor ihrer Großartigkeit werden Meetings schnell ganz klein.

ABSCHALTEN DURCH AUSSCHALTEN

Jede Push-Nachricht sofort anschauen, schnell noch mal Mails checken und eine Whatsapp schreiben – das trägt nicht zur Entspannung bei, vor allem, wenn du auch tagsüber häufig am Bildschirm arbeitest. Besser erholt sich, wer das Smartphone am Feierabend mal beiseitelegt – oder sogar ganz ausschaltet. Auch wenn's schwer fällt – probier's mal aus!

GEMEINSCHAFT

Nicht nur Ruhe oder Besinnung auf sich selbst können dir helfen, abzuschalten und zu entspannen. Oft tut auch gerade das Gegenteil gut – ein Treffen mit Menschen, die du magst. Ein Stündchen im Café mit der Freundin quatschen, auf einen Sprung beim Nachbarn vorbeischauen, kurz die Oma besuchen oder mit den Jungs ein Eis essen gehen – auch das kann entspannend sein und den Kopf frei machen. Schon in der Steinzeit suchten unsere Vorfahren bei Gefahr den Schutz der Gemeinschaft. Und wissenschaftlich erwiesen ist: Wenn wir in Kontakt treten mit (netten) Menschen, produziert unser Körper mehr vom Kuschel- oder Bindungshormon Oxytozin. Und das ist der große Gegenspieler des Stresshormons Cortisol.

LINSENSALAT MIT ORANGEN-DRESSING

Fast Food gegen schlechte Laune

FÜR 2 PERSONEN
20 Min. Zubereitung
Pro Portion ca. 330 kcal,
10 g EW, 21 g F, 24 g KH

1 kleine Bio-Orange
Salz | Pfeffer
1 EL Aceto balsamico bianco (ersatzweise Weißweinessig)
1 TL Senf (am besten Dijon-Senf)
4 EL Olivenöl
1 Schalotte (ersatzweise 1 kleine Zwiebel)
1 Möhre
1 Stange Staudensellerie
1 Dose Linsen (260 g Abtropfgewicht)
3 Stängel Petersilie

1 Für das Dressing die Orange heiß waschen und abtrocknen. Gut 1 TL Schale abreiben. Den Saft auspressen. 2 EL Saft mit der abgeriebenen Schale in eine Schüssel geben. Salz, Pfeffer, Essig und den Senf unterrühren. Dann 2 EL Öl unterschlagen.

2 Das restliche Olivenöl (2 EL) in einer beschichteten Pfanne sanft erhitzen. Während das Öl heiß wird, die Schalotte schälen und fein würfeln. Die Möhre schälen, längs vierteln und ebenfalls in Würfel schneiden. Den Staudensellerie nach Belieben mit dem Sparschäler schälen, waschen und in feine Scheiben schneiden. Alle drei Zutaten im heißen Öl bei kleiner Hitze ca. 3 Min. andünsten, dann in die Schüssel zum Orangen-Dressing geben.

3 Die Linsen in ein Sieb abgießen und abbrausen, dann unter das Gemüse in der Schüssel mischen. Petersilie waschen und trocken schütteln. Die Blättchen mit den zarten Stielen abschneiden, diese grob hacken und unter den Salat mischen. Den Salat nochmals abschmecken, auf zwei Tellern anrichten und servieren, beispielsweise mit geröstetem Fladenbrot oder Halloumi (s. Tipp).

Kleiner Feierabend-Luxus
Wer noch zehn Minuten übrig hat, lässt den Salat noch ein wenig durchziehen und serviert ihn anschließend mit Grillkäse. Dazu 1 EL Öl mit 1 Msp. Paprikapulver und etwas Salz und Pfeffer verrühren. 100 g Halloumi-Käse halbieren, mit dem Würzöl bepinseln und in einer mit Öl bestrichenen Grill- oder Bratpfanne insgesamt 5–7 Min. von beiden Seiten braten.

AUBERGINEN-GULASCH

Schmeckt nach Sommer!

FÜR 2 PERSONEN
20 Min. Zubereitung
Pro Portion ca. 275 kcal,
8 g EW, 18 g F, 16 g KH

1 kleine Aubergine
1 Bund Frühlingszwiebeln
1 rote Paprika
2 EL Olivenöl
2 EL Pesto
1 TL edelsüßes oder rosenscharfes Paprikapulver (je nach gewünschter Schärfe)
½ TL Kreuzkümmelkörner | Salz
1 Schuss Rotwein (nach Belieben)
1 Dose stückige Tomaten (400 g)
Pfeffer | 1 TL brauner Zucker
2 EL Sahnejoghurt

1 Aubergine in 1 cm dicke Scheiben, dann in Würfel schneiden. Die Frühlingszwiebeln putzen und waschen. Weiße und hellgrüne Teile in dünne Ringe schneiden, schönes Dunkelgrün hacken oder ebenfalls in Ringe schneiden. Paprika halbieren, von Kernen und Trennwänden befreien, waschen und fein würfeln, dabei schon während des Schnippelns das Olivenöl in einer Pfanne erhitzen.

2 Die Auberginenwürfel im heißen Öl bei großer Hitze ca. 3 Min. unter Rühren anbraten, dann das Pesto darübergeben, die Frühlingszwiebelringe und die Paprikastückchen unterrühren und alles ca. 3 Min. weiterbraten, dabei immer wieder rühren.

3 Das Gemüse mit Paprika, Kreuzkümmel und Salz würzen und mit dem Rotwein nach Belieben ablöschen. Die stückigen Tomaten und 50–100 ml Wasser dazugeben. Alles aufkochen und zugedeckt 5–10 Min. schmoren, falls nötig, noch etwas Wasser angießen.

4 Das Auberginengulasch mit Salz, Pfeffer, Paprika und Zucker abschmecken, auf zwei tiefe Teller verteilen und mit je 1 Klecks Joghurt und dem Frühlingszwiebelgrün getoppt servieren.

Und was dazu?
Bei kleinem Hunger ein Stück Baguette oder eine Scheibe Toast zum Gulasch essen. Bei großem Hunger parallel Penne kochen und dazu servieren.

Kein Majoran im Küchenschrank? *Dann nimm getrockneten Oregano. Oder auch Kümmelkörner. Oder grob zerstoßenen schwarzen Pfeffer.*

MAJORANKARTOFFELN MIT RADIESCHEN-REMOULADE

Low-Budget-Rezept aus Omas Kochbuch

FÜR 2 PERSONEN
15 Min. Zubereitung
20 Min. Backen
Pro Portion ca. 285 kcal,
11 g EW, 17 g F, 22 g KH

FÜR DIE REMOULADE:
1 hartgekochtes Ei
1 EL Rapsöl | 150 g Joghurt
½ Bund gemischte Gartenkräuter (ersatzweise 2 EL gemischte TK-Kräuter)
1 TL Kapern (+ etwas Kapernsud)
1 in Öl eingelegtes Sardellenfilet (nach Belieben)
3 Radieschen | Salz | Pfeffer

FÜR DIE KARTOFFELN:
1 TL grobes Meersalz
1 EL getrockneter Majoran
8 kleine Kartoffeln

AUSSERDEM:
1 flache ofenfeste Form
1 EL Rapsöl

1 Für die Kartoffeln den Backofen auf 210° vorheizen. Für die Remoulade das Ei pellen und halbieren. Das Eigelb herauslösen, zusammen mit dem Öl in ein Schälchen geben und mit einer Gabel fein zerdrücken und verrühren. Mit dem Schneebesen den Joghurt so lange unterrühren, bis keine Klümpchen mehr vorhanden sind.

2 Die Kräuter waschen und trocken schütteln. Die Blättchen abzupfen und hacken, Schnittlauch in Röllchen schneiden. Kräuter zur Joghurtmischung geben. Die Kapern fein hacken und zusammen mit 1 TL Kapernsud und den Kräutern unterrühren. Das Eiweiß und nach Belieben das Sardellenfilet sehr fein hacken und unterrühren.

3 Die Radieschen waschen, putzen, in kleine Stifte schneiden und bis auf einen kleinen Rest unter die Joghurtmischung rühren. Die Remoulade mit Salz und Pfeffer abschmecken, mit den übrigen Radieschenstiften bestreuen und kühl stellen.

4 Für die Kartoffeln die ofenfeste Form mit dem Öl bepinseln und mit dem Meersalz und dem Majoran bestreuen. Die Kartoffeln gründlich waschen, halbieren und mit den Schnittflächen nach unten in die Form setzen. Kartoffeln im heißen Ofen (Mitte) in ca. 20 Min. garen, dann mit der Remoulade servieren.

PASTA MIT KARTOFFELN UND BOHNEN

Hier wird einfach alles ins kochende Wasser geworfen.

FÜR 2 PERSONEN
25 Min. Zubereitung
Pro Portion ca. 755 kcal,
21 g EW, 37 g F, 83 g KH

FÜR NUDELN UND GEMÜSE:
100 g feine grüne Bohnen (Keniabohnen)
1 vorwiegend festkochende Kartoffel (ca. 100 g)
Salz | 200 g Spirelli

FÜR DAS PESTO:
1 kleines Töpfchen Basilikum
1 EL Pinienkerne (ersatzweise Cashewkerne oder Mandelstifte)
40 g Parmesan
1 Knoblauchzehe
Salz (am besten Meersalz)
1 kleine getrocknete Chili (nach Belieben)
5 EL Olivenöl (nach Bedarf auch etwas mehr)

1 Knapp 3 l Wasser in einem großen Topf aufkochen. Inzwischen die Bohnen waschen und putzen, d. h. die Enden abschneiden. Die Kartoffel schälen und in sehr kleine Würfel schneiden.

2 Wenn das Wasser im Topf kocht, 2 TL Salz reinstreuen. Kartoffelwürfelchen reingeben. Wenn alles wieder kocht, die Nudeln dazugeben und nach Packungsangabe bissfest kochen, dabei für die letzten 5 Min. die Bohnen dazugeben und mitkochen.

3 Inzwischen für das Pesto die Blätter und Stängel vom Basilikum mit der Schere abschneiden, abbrausen, dann mit Küchenpapier grob trocken tupfen und in einen hohen Rührbecher geben. Dann die Pinienkerne in einer Pfanne ohne Fett bei mittlerer Hitze unter Rühren rösten, bis sie anfangen zu duften.

4 Pinienkerne zum Basilikum geben. Die Hälfte des Parmesans zum Basilikum reiben. Den Knoblauch schälen und dazupressen. Etwas Salz dazugeben, nach Belieben die Chili ohne den Stiel dazukrümeln. 5 EL Öl dazugießen und alles mit dem Pürierstab pürieren, eventuell noch mehr Öl dazugeben.

5 Die Nudelmischung in ein Sieb abgießen und dann sofort in einer Schüssel mit 4 EL Pesto (s. Tipp) vermischen. Pasta auf zwei Tellern anrichten. Restlichen Parmesan darüberreiben.

Für müde Genießer
Mit Fertig-Pesto aus dem Glas geht's noch einfacher. Und mit TK-Bohnen hast du weniger Schnippel-Arbeit. Übriges Pesto dazu servieren oder im Kühlschrank für den morgigen Feierabend für Crostini oder das Auberginen-Gulasch von Seite 86 aufheben.

GERÖSTETE SCHUPFNUDELN MIT SPITZKOHL

Deftig-kräftig!

FÜR 2 PERSONEN
20 Min. Zubereitung
Pro Portion ca. 655 kcal,
13 g EW, 36 g F, 64 g KH

300 g Schupfnudeln (Kühlregal)
1 kleines Bund Frühlingszwiebeln
1 kleiner Spitzkohl (650 g)
2 EL Butter
1 Msp. Kümmelkörner
1 Msp. gemahlener Koriander
1 Schuss Weißwein (ersatzweise Apfel- oder verdünnter Zitronensaft)
100 ml Gemüsebrühe
100 g Sahne (ersatzweise 2 EL Frischkäse)
1 EL Öl
1 EL Semmelbrösel
Salz | Pfeffer
1 TL Honig

1 Die Schupfnudeln aus dem Kühlschrank nehmen. Die Frühlingszwiebeln putzen, waschen und dann in feine Ringe schneiden oder hobeln. Schönes Grün hacken und für die Garnitur beiseitelegen.

2 Äußere Blätter beim Spitzkohl entfernen. Den Kohl längs vierteln und jedes Viertel jeweils bis zum Strunk in knapp 1 cm breite Streifen schneiden. Diese waschen und abtropfen lassen. Bereits während des Schnippelns 1 EL Butter in einer Pfanne sanft erhitzen.

3 Die Frühlingszwiebeln in der Butter bei mittlerer Hitze ca. 2 Min. andünsten. Die Kohlstreifen mit dem Kümmel und dem Koriander dazugeben und kurz unter Rühren mitdünsten bzw. braten. Mit dem Weißwein ablöschen, dann die Gemüsebrühe und die Sahne dazugießen und den Kohl bei kleiner bis mittlerer Hitze offen 5–10 Min. garen, dabei die Flüssigkeit etwas einkochen lassen.

4 Schon zu Beginn der Garzeit in einer zweiten Pfanne restliche Butter (1 EL) mit dem Öl stark erhitzen. Die Schupfnudeln mit den Semmelbröseln bestreuen und in das heiße Fett geben. Die Schupfnudeln nach Packungsangabe unter Wenden bei großer Hitze in 5–10 Min. knusprig braten und dabei leicht bräunen.

5 Das fertige Kraut mit Salz, Pfeffer und Honig würzen und abschmecken. Die gebräunten Schupfnudeln daraufgeben. Alles mit dem Frühlingszwiebelgrün bestreuen und aus der Pfanne servieren.

MAKKARONI CAPRESE

Ganz einfach gut!

FÜR 2 PERSONEN
20 Min. Zubereitung
Pro Portion ca. 685 kcal,
22 g EW, 32 g F, 77 g KH

Salz
200 g kurze Makkaroni (ersatzweise Mini-Penne oder andere Röhrchennudeln)
4 getrocknete, in Öl eingelegte Tomaten (+ 2 EL Tomatenöl)
1 Kugel Mozzarella (am besten Büffelmozzarella)
1 Bund Basilikum
1 EL Pinienkerne (nach Belieben)

1 Gut 2 l Wasser in einem Topf zum Kochen bringen, dann salzen. Die Makkaroni darin nach Packungsangabe bissfest kochen.

2 Schon während das Wasser aufkocht, die Tomaten abtropfen lassen, das Öl auffangen und die Tomaten in Streifen schneiden. Den Mozzarella in Stücke zupfen oder in Würfel schneiden. Das Basilikum waschen, trocken schütteln, die Blätter abzupfen und diese bis auf ein paar Blättchen in Streifen schneiden.

3 Die Pinienkerne, falls verwendet, in einer Pfanne ohne Fett goldbraun anrösten, dann aus der Pfanne nehmen. Herd ausschalten, das Tomatenöl zusammen mit den Tomatenstreifen in die Pfanne geben und darin erwärmen. Dann 2–3 EL Nudelwasser dazugeben.

4 Die Nudeln in ein Sieb abgießen und sofort in die Pfanne geben. Mozzarella und Basilikumstreifen untermischen. Alles mit Basilikumblättchen und Pinienkernen bestreuen und servieren.

Austausch-Tipp
Statt Mozzarella und Basilikum kannst du für einen orientalischen Touch auch Fetawürfel und Minze nehmen.

BLUMENKOHL-KARTOFFEL-AUFLAUF

Ein Essen ohne Schnick und Schnack!

FÜR 2 PERSONEN
25 Min. Zubereitung
10 Min. Gratinieren
Pro Portion ca. 660 kcal,
23 g EW, 45 g F, 39 g KH

400 ml Gemüsebrühe
500 g Blumenkohl
1 große, vorwiegend festkochende Kartoffel (ca. 200 g)
80 g Schinkenwürfel (von gekochtem Schinken)
2 ½ EL Butter | 1 ½ EL Mehl
100 g Sahne | Salz | Pfeffer
frisch geriebene Muskatnuss
½ Bio-Zitrone
50 g Taleggio (ersatzweise Gouda oder Fontina)
2 EL Semmelbrösel

AUSSERDEM:
1 ofenfeste Form
Butter für die Form

1 Die Gemüsebrühe in einem Topf zum Kochen bringen. Den Backofen auf 250° vorheizen. Den Blumenkohl in Röschen teilen, den dicken Stiel schälen und in Würfel schneiden. Die Kartoffel schälen und in knapp 1 cm große Würfel schneiden.

2 Blumenkohlröschen, -würfel und Kartoffelwürfel in die kochende Brühe geben und zugedeckt 7–8 Min. garen, bis die Kartoffelwürfel weich sind. Die ofenfeste Form dünn mit Butter ausstreichen.

3 Nach der Garzeit Kartoffeln und Blumenkohl abgießen, dabei die Brühe auffangen. Kartoffeln und Blumenkohl in der Form verteilen. Anschließend die Schinkenwürfel darüberstreuen.

4 1 ½ EL Butter in einem Topf schmelzen, das Mehl einrühren. Gut 200 ml Blumenkohlbrühe und die Sahne dazugießen. Den Topfinhalt köcheln lassen, bis eine dicke Béchamel entsteht. Falls nötig, noch etwas mehr Brühe unterrühren. Béchamel vorsichtig mit Salz, etwas kräftiger mit Pfeffer und frisch geriebener Muskatnuss würzen und über Gemüse und Schinken gießen. Die Zitrone heiß waschen, abtrocknen und 1–2 Msp. Schale über den Auflauf reiben.

5 Taleggio in Würfelchen schneiden und darüber verteilen. Restlichen EL Butter in Flöckchen darauf verteilen. Die Semmelbrösel darüberstreuen. Den Auflauf in 5–10 Min. im heißen Ofen (2. Schiene von oben) gratinieren, bis der Käse geschmolzen ist und die Brösel crunchy geworden sind. Den Auflauf ofenfrisch genießen.

Noch schneller
TK-Blumenkohl (oder Brokkoli) verwenden. Dann sparst du dir die Putzerei und Schnippelei.

RAHM-PILZRAGOUT MIT HEIDELBEEREN

Füttert dich mit Kindheitserinnerungen!

FÜR 2 PERSONEN
20 Min. Zubereitung
Pro Portion ca. 400 kcal,
11 g EW, 30 g F, 18 g KH

300 g gemischte Pilze (z. B. Kräuterseitlinge, braune Champignons, Austernpilze; ersatzweise nur braune Champignons)
1 EL Butter
2 Blätterteig-Pastetchen (s. Tipp)
1 Pck. mediterrane TK-Kräuter (»italienische Art«)
50 g Schinkenspeckwürfel (Baconwürfel)
Salz | Pfeffer
300 ml Gemüsebrühe
50 g Doppelrahm-Frischkäse
50 g Heidelbeeren
1 EL Zitronensaft

1 Den Backofen auf 150° vorheizen. Die Pilze putzen und – falls nötig – feucht abreiben. Die Stiele kürzen. Die Pilze längs halbieren oder vierteln, große Pilze in Scheiben schneiden.

2 Schon während des Pilzeputzens die Butter in einer großen Pfanne erhitzen. Die Pastetchen auf ein Backblech legen und im heißen Backofen (Mitte) in ca. 10 Min. knusprig aufbacken.

3 Inzwischen die Pilze in der heißen Butter 2–3 Min. bei großer Hitze anbraten. Die TK-Kräuter darüberstreuen und weiterbraten, bis eventuell ausgetretene Flüssigkeit wieder verdampft ist. Dann die Speckwürfel dazugeben und kurz unter Rühren mitbraten. Die Pilz-Speck-Mischung leicht mit Salz und Pfeffer würzen.

4 Brühe dazugießen, den Frischkäse unterrühren. Die Sauce noch ca. 5 Min. bei mittlerer Hitze cremig einkochen lassen.

5 Zum Schluss die Heidelbeeren in einem Sieb abbrausen, unter die Pilze rühren und miterhitzen, bis sie leicht aufplatzen. Warme Pastetchen auf zwei Teller stellen, das Pilz-Ragout mit Zitronensaft, Salz und Pfeffer abschmecken und in die Pastetchen füllen bzw. um diese herum anrichten. Genießen!

Keine Pastetchen gefunden?
Zum Pilzragout passen auch Gnocchi aus dem Kühlregal sehr gut. Die müssen vor dem Servieren nur in etwas Butter angebraten werden. Gut schmecken dazu auch frische Bandnudeln oder Semmelknödel aus dem Kühlregal. Sie brauchen – in kochendem Salzwasser – ebenfalls nur wenige Minuten Garzeit.

THAI-CURRY MIT PUTE

Ein Schuss Exotik am Feierabend!

FÜR 2 PERSONEN
20 Min. Zubereitung
Pro Portion ca. 890 kcal, 42 g EW, 51 g F, 61 g KH

Salz
1 Beutel Schnellkochreis (125 g; Spitzen-Langkorn)
200 g Putengeschnetzeltes (ersatzweise ein Putenschnitzel in schmale Streifen schneiden)
2 EL Limettensaft
2 EL Sojasauce
1 rote Paprika
100 g Brokkoli
1 EL Öl
1 Dose Kokosmilch (400 g)
1 EL rote Thai-Currypaste
100 g TK-Erbsen
1 kleines Bund Koriandergrün (ersatzweise Petersilie)
1 EL Kokos-Chips (nach Belieben)

1 1 l Wasser in einem Topf zum Kochen bringen und salzen. Den Reis im Beutel in das kochende Wasser legen, nach Packungsangabe in ca. 8 Min. garen, dann aus dem Wasser nehmen.

2 Inzwischen das Putengeschnetzelte mit je 1 EL Limettensaft und Sojasauce vermischen und etwas ziehen lassen. Paprika halbieren, Kerne und Trennwände entfernen. Die Hälften waschen und in kleine Stücke schneiden. Den Brokkoli waschen und in Röschen teilen. Den dicken Stiel schälen und sehr fein würfeln.

3 Das Öl in einer Pfanne oder in einem Wok erhitzen. Putengeschnetzeltes darin mit der Marinade unter Rühren bei mittlerer Hitze in ca. 3 Min. anbraten, dann herausnehmen.

4 Die dicke, feste Creme der Kokosmilch aus der Dose löffeln, in den Wok geben und bei großer Hitze aufkochen, die Currypaste dazurühren und ca. 1 Min. mitkochen, dabei immer rühren. Übrige Kokosmilch dazugießen. Paprika, Brokkoli und gefrorene Erbsen einrühren. Das Curry aufkochen und bei kleiner Hitze noch ca. 3 Min. offen köcheln lassen, dann das Putenfleisch dazugeben und alles in weiteren 2 Min. fertig garen. Inzwischen den Koriander waschen und trocken schütteln. Die Blättchen abzupfen.

5 Das Thai-Curry mit Limettensaft und Sojasauce abschmecken, auf zwei Schalen verteilen, mit dem Koriander sowie nach Belieben mit den Kokos-Chips bestreuen und mit dem Reis servieren.

BRATWURST MIT COLESLAW

Schmeckt im Sommer und im Winter!

FÜR 2 PERSONEN
20 Min. Zubereitung
Pro Portion ca. 645 kcal,
24 g EW, 53 g F, 15 g KH

½ Spitzkohl (ca. 350 g)
Salz
½ rote Chilischote
1 Möhre
1 kleiner rotbackiger Apfel
1 EL Öl
2 EL Mayonnaise
100 g Sahnejoghurt
2 TL Aceto balsamico bianco
1 Prise Zucker | Pfeffer
2 Rostbratwürste
2 EL geröstete Erdnuss-kerne (nach Belieben)

1 Äußere Blätter beim Spitzkohl entfernen. Kohl längs halbieren. Die Stücke bis zum Strunk in sehr feine Streifen hobeln oder schneiden. Die Streifen in einer Schüssel mit 1 TL Salz bestreuen und ca. 5 Min. kräftig mit den Händen durchkneten.

2 Kerne und Trennwände aus der Chilihälfte entfernen, die Chili waschen und in feinste Streifen schneiden. Möhre putzen, schälen und in schmale Streifchen hobeln oder schneiden. Apfel waschen, vierteln und ebenfalls in feine Streifen hobeln. Möhre, Apfel und Chilistreifen zum Kohl in die Schüssel geben.

3 Das Öl in einer Pfanne erhitzen. Während das Öl warm wird, die Mayonnaise mit dem Joghurt, Essig, Zucker, wenig Salz und etwas Pfeffer verrühren. Das Dressing mit der Kohlmischung verrühren und den Coleslaw noch etwas ziehen lassen.

4 Die Bratwürste im heißen Öl von allen Seiten in 5–7 Min. braun braten, dann in Stücke schneiden. Coleslaw nochmals abschmecken, nach Belieben noch ein paar Erdnüsse hacken und darüberstreuen. Den Salat mit den Bratwurststücken anrichten und servieren.

Kleiner Feierabend-Luxus
Du bist der Meinung, dass du, deine Seele und dein Gaumen heute eine Extraportion Luxus verdient haben? Dann nimm dir ein kleines bisschen mehr Zeit für den Einkauf und halte nach einer kleinen Flugmango Ausschau, die die simple Möhre und den Apfel im Coleslaw ersetzen wird. Und wenn du beim Metzger dann noch fenchelwürzige Salsicce oder harissa-feurige Merguez-Würste ergatterst, ist der Feierabend de luxe gerettet.

HÄHNCHENPFANNE MIT BOHNEN-DUO

Nach Büroschluss: Kurz-Trip in die Karibik!

FÜR 2 PERSONEN
20 Min. Zubereitung
Pro Portion ca. 370 kcal,
38 g EW, 14 g F, 21 g KH

- 1 Knoblauchzehe
- 1 Stück frischer Ingwer (ca. 1 cm lang)
- 150 g feine grüne Bohnen (Keniaböhnchen)
- 1 EL Öl
- 1 großes Hähnchenbrustfilet (ca. 250 g)
- 1 Zucchino
- Salz | Pfeffer
- ½ TL Cayennepfeffer
- ½ TL gemahlener Koriander
- 100 ml Hühnerbrühe
- 100 g Kirschtomaten
- ½ Bund Koriandergrün (ersatzweise Petersilie)
- 1 Dose weiße Bohnen (240 g Abtropfgewicht)

1 Den Knoblauch und den Ingwer schälen und fein hacken. Von den Bohnen die Enden abschneiden, die Bohnen halbieren, in einem Sieb waschen und gut abtropfen lassen.

2 Das Öl in einer Pfanne erhitzen. Während es warm wird, das Hähnchenfilet in 2–3 cm große Stücke oder Würfel schneiden. Die Hähnchenstücke im heißen Öl in ca. 1 Min. rundherum bei großer Hitze goldbraun anbraten, dann die Hitze runterschalten. Knoblauch, Ingwer und Bohnen dazugeben und alles 4–5 Min. weiterbraten, dabei ab und zu rühren. Parallel dazu den Zucchino waschen, längs vierteln und quer in Stücke schneiden.

3 Zucchinistücke in die Pfanne geben und ca. 1 Min. unter Rühren mitbraten. Pfanneninhalt kräftig mit Salz, Pfeffer, Cayennepfeffer und Koriander würzen. Die Hühnerbrühe angießen, aufkochen und die Hähnchenpfanne noch ca. 5 Min. zugedeckt garen.

4 Inzwischen die Tomaten waschen und halbieren. Koriandergrün waschen und trocken schütteln. Die Blättchen mit den zarten Stielen abschneiden und grob hacken. Weiße Bohnen in ein Sieb abgießen, zusammen mit den Tomaten unter die Hähnchen-Gemüse-Mischung rühren und alles weitere 1–2 Min. offen garen.

5 Hähnchenpfanne nochmals abschmecken und mit Koriandergrün bestreut servieren. Dazu passt Schnellkochreis.

Und dazu?
Dazu passen Schupfnudeln aus dem Kühlregal sehr gut. Die müssen vor dem Servieren nur in etwas Butter angebraten werden. Gut schmecken auch frische Bandnudeln aus dem Kühlregal. Sie brauchen ebenfalls nur wenige Minuten.

SCHWEINEKOTELETT MIT APFEL-RAHM-SAUCE

Mmhh, supersahnig!

FÜR 2 PERSONEN
20 Min. Zubereitung
Pro Portion ca. 480 kcal, 42 g EW, 26 g F, 7 g KH

1½ EL Öl
4 kleine Zweige Thymian (ersatzweise ½ TL getrockneter Thymian)
2 dünne Schweinekoteletts
Salz | Pfeffer
1 Apfel
1 rote Zwiebel
100 ml Fleischbrühe
2 EL Crème fraîche

AUSSERDEM:
1 ofenfeste Form

1 Backofen auf 150° vorheizen. 1 EL Öl in einer Pfanne erhitzen. Inzwischen den Thymian waschen und trocken schütteln. Die Blättchen abstreifen. Den Fettrand von den Koteletts einschneiden.

2 Die Koteletts in das heiße Öl legen und 2 Min. bei mittlerer bis großer Hitze braten, dann wenden und weitere 2 Min. braten. Die Koteletts in die ofenfeste Form geben, salzen, pfeffern und mit dem Thymian bis auf einen kleinen Rest bestreuen. Dann die Koteletts im heißen Ofen (Mitte) 12–14 Min. weitergaren.

3 Inzwischen den Apfel schälen, halbieren, vom Kerngehäuse befreien und in schmale Spalten schneiden. Die Zwiebel schälen und ebenfalls in dünne Spalten schneiden. Das übrige Öl (½ EL) in die Pfanne zum restlichen Fett geben. Die Apfelspalten darin bei starker Hitze 2–3 Min. anbraten. Anschließend die Hitze reduzieren und die Apfelspalten aus der Pfanne nehmen. Zwiebelspalten in die Pfanne geben und bei kleiner Hitze in 3 Min. glasig dünsten.

4 Die Brühe zu den Zwiebeln in die Pfanne gießen, die Crème fraîche einrühren und die Sauce kurz einkochen lassen. Dann die Apfelspalten dazugeben und alles köcheln lassen, bis die Koteletts fertig sind. Die Koteletts aus dem Ofen nehmen, die Sauce darübergießen, den übrigen Thymian darüberstreuen und genießen.

RUMPSTEAK MIT CHIMICHURRI

Gönn dir das nach einem harten Tag!

FÜR 2 PERSONEN
25 Min. Zubereitung
Pro Portion ca. 685 kcal,
52 g EW, 51 g F, 4 g KH

FÜR DIE STEAKS:
2 Rumpsteaks (à ca. 230 g; ca. 2 cm hoch)
2 EL Olivenöl
Salz | Pfeffer

FÜR DIE CHIMICHURRI:
2 EL Limettensaft
1 Prise brauner Zucker
Salz | Pfeffer
1 Prise gemahlener Kreuzkümmel
6 EL Olivenöl
1 kleines Bund Petersilie
3 Stängel Koriandergrün (nach Belieben)
1 dicke Frühlingszwiebel
1 Knoblauchzehe
1 rote Chilischote

AUSSERDEM:
1 ofenfeste Form

1 Die Steaks aus dem Kühlschrank nehmen. Für die Chimichurri in einem Schälchen Limettensaft, braunen Zucker, gut ½ TL Salz, etwas Pfeffer und Kreuzkümmel verrühren. 4 EL Olivenöl unterrühren. Die Form in den Backofen stellen und diesen dann auf gut 90° vorheizen.

2 Petersilie und – falls verwendet – Koriandergrün waschen und trocken schütteln. Die Blättchen mit den zarten Stielen abschneiden, sehr fein hacken und in das Schälchen zur Limettensaft-Mischung geben. Die Frühlingszwiebel putzen, waschen, mit dem Grün fein hacken und untermischen. Knoblauch schälen und dazupressen.

3 Die Chilischote längs halbieren. Kerne und Stiel entfernen. Eine Hälfte in Streifchen schneiden und beiseitelegen, die andere sehr fein würfeln und zu den Kräutern geben. Alle Zutaten für die Chimichurri gut verrühren, falls nötig, noch mehr Öl unterrühren.

4 Das Öl für die Steaks in einer schweren Pfanne stark erhitzen, sodass es fast raucht. Dann die Steaks in das heiße Öl geben und für »medium« – je nach Dicke – 3–4 Min. bei mittlerer Hitze braten, Steaks mit einem Pfannenwender umdrehen und auf der anderen Seite 3–4 Min. braten. Die Steaks aus der Pfanne nehmen und im heißen Ofen in der Form ca. 4 Min. nachziehen lassen.

5 Die Rumpsteaks aus dem Ofen nehmen und kurz ruhen lassen. Inzwischen die Chimichurri nochmals abschmecken, mit den Chilistreifchen bestreuen und zu den Steaks servieren. Dazu passen Gemüsechips (s. Tipp) und/oder Fladenbrot.

Gemüsechips on top

Während die Steaks im Ofen nachgaren, kannst du in der Pfanne noch Gemüsechips braten. Dafür noch etwas Öl zusätzlich in die Pfanne geben und erhitzen. Etwa 300 g Petersilienwurzeln oder Pastinaken schälen, in 2–3 mm dünne Scheiben schneiden und in der Steakpfanne in 2–3 Min. goldbraun ausbacken, dabei mehrmals wenden. Chips mit Salz und Cayennepfeffer würzen.

LAMMKOTELETTS MIT TOMATEN

Salat ohne Dressing – ganz einfach gut!

FÜR 2 PERSONEN
15 Min. Zubereitung
Pro Portion ca. 1020 kcal,
67 g EW, 82 g F, 5 g KH

6 kleine Lammkoteletts
250 g Tomaten (s. Tipp)
Salz | Pfeffer
½ TL Zucker
1 dicke Frühlingszwiebel
1 kleine Handvoll Petersilienblättchen
1 TL Zitronensaft
3 EL Olivenöl
30 g Parmesan
3 EL Kräuterbutter (s. Tipp)

1 Die Koteletts aus dem Kühlschrank nehmen. Tomaten waschen, quer halbieren, von den Stielansätzen befreien und nebeneinander mit der Schnittfläche nach oben in einer Form oder auf einem Teller auslegen. Die Tomaten mit Salz, Pfeffer und Zucker würzen.

2 Die Frühlingszwiebel putzen und waschen. Den weißen Teil in Ringen über die Tomaten hobeln. Das Grün fein schneiden. Die Petersilie in einem Sieb waschen, trocken tupfen und zusammen miit dem Frühlingszwiebelgrün über die Tomaten streuen.

3 Tomaten mit dem Zitronensaft besprenkeln und mit 2 EL Olivenöl beträufeln. Den Parmesan in Spänen darüberhobeln.

4 Schon während des Schnippelns das übrige Öl (1 EL) in einer (Grill-)Pfanne erhitzen. Die Koteletts pfeffern, leicht salzen und sofort im heißen Öl pro Seite ca. 2 Min. braten. Dann die Koteletts mit je ½ EL Kräuterbutter belegen und anschließend direkt aus der Pfanne heraus mit dem Tomatensalat servieren.

Kleiner Feierabend-Luxus
Mittlerweile werden nicht nur auf dem Bauernmarkt, sondern auch im Supermarkt um die Ecke Tomaten in unterschiedlichsten Formen und Farben angeboten. Meist sind es wiederentdeckte alte Sorten, die besonders aromatisch schmecken. Greif zu!
Noch ein paar Küchenkapazitäten frei? Dann mach die Kräuterbutter selbst: Einfach 3 EL weiche Butter mit 1 TL abgeriebener Bio-Zitronenschale und 1 TL TK-Petersilie verrühren, vielleicht noch ein paar gehackte Rosmarinnadeln unterrühren. 1 Knoblauchzehe schälen und dazupressen. Die Butter mit Salz und Pfeffer würzen – schon fertig!

FISCHFILET MIT RAS-EL-HANOUT-BRÖSELKRUSTE

Ein Hauch von Orient am Feierabend!

FÜR 2 PERSONEN
20 Min. Zubereitung
15 Min. Garen
Pro Portion ca. 555 kcal,
41 g EW, 31 g F, 27 g KH

½ Bio-Orange
2 Mini-Pak-Choi (ersatzweise 1 Staude Mangold)
3 EL Butter | 3 EL Semmelbrösel
10 g Parmesan | Salz
½ TL Ras el Hanout (ersatzweise Chilipulver und gemahlenen Koriander mischen)
350 g dickes Fischfilet (z. B. Rotbarsch, Seelachs)
1 große Tomate
1 EL getrocknete Cranberrys (ersatzweise Rosinen)
2 EL Sahne | Pfeffer

AUSSERDEM:
1 kleine ofenfeste Form
1 TL Butter für die Form

1 Den Backofen auf 200° vorheizen. Die Orange heiß waschen, abtrocknen und ½ TL Schale fein abreiben. Die Pak Choi waschen, die Strünke abschneiden. Weiße Stiele in Streifen schneiden. Die Blätter in breitere Streifen schneiden. Während des Schnippelns schon gut 2 EL Butter in einer kleinen Pfanne schmelzen.

2 Die Semmelbrösel in der heißen Butter ganz kurz anrösten. Inzwischen den Parmesan reiben. Die Pfanne vom Herd ziehen und etwas Salz, Ras el Hanout, den Parmesan und die Orangenschale untermischen. Die Form mit Butter ausstreichen.

3 Fischfilet waschen, trocken tupfen und in zwei Stücke teilen. Die Stücke in die Auflaufform legen. Die Tomate waschen, den Stielansatz herausschneiden. Tomate in dünne Scheiben schneiden und auf den Fischstücken verteilen. Bröselmischung daraufstreichen und die Fischstücke im heißen Ofen (Mitte) 10–15 Min. garen.

4 Inzwischen restliche Butter (knapp 1 EL) in einer Pfanne erhitzen. Die Pak-Choi-Stiele darin 2–3 Min. andünsten, dann die Blätter, die Cranberrys, etwas Wasser und die Sahne dazugeben und alles noch etwas offen einköcheln lassen. Das Gemüse mit Salz, Pfeffer und 1 Prise Ras el Hanout würzen. Pak Choi mit den Fischfilets aus dem Ofen auf zwei Tellern anrichten und genießen.

GEWÜRZ-FORELLEN AUF ZUCCHINIBETT

Aromatherapie: Der Duft aus dem Ofen lässt den Alltag vergessen.

FÜR 2 PERSONEN
15 Min. Zubereitung
15 Min. Garen im Ofen
Pro Portion ca. 280 kcal,
32 g EW, 15 g F, 4 g KH

2 schmale Zucchini
Salz | Pfeffer
1 Knoblauchzehe (nach Belieben)
½ Bio-Zitrone
3 kleine Zweige Rosmarin
½ TL Fenchelsamen
frisch geriebene Muskatnuss
2 kleine küchenfertige Forellen (à 300 g; s. Tipp)
1 EL Olivenöl

AUSSERDEM:
Auflaufform in der Größe der Forellen
1 EL Olivenöl für die Form

1 Den Backofen auf 200° vorheizen. Die Auflaufform mit 1 EL Öl einpinseln. Die Zucchini waschen und in Scheibchen schneiden. Zucchini in der Form verteilen und leicht salzen und pfeffern.

2 In einem kleinen Schälchen 1 TL Salz und etwas Pfeffer mischen. Falls gewünscht, die Knoblauchzehe schälen und dazupressen. Die Zitronenhälfte heiß waschen und abtrocknen. 1 TL Schale abreiben und in das Schälchen geben. Die Zitronenhälfte dann in Scheiben schneiden und die Scheiben halbieren.

3 Rosmarin waschen und trocken schütteln. Nadeln von 1 Zweig abstreifen, hacken und in das Schälchen geben. Fenchelsamen und 1 kräftige Prise Muskat dazugeben und alles vermischen.

4 Die Fische innen und außen mit der Gewürzmischung einreiben und mit den Zitronenscheiben und den Rosmarinzweigen füllen.

5 Fische auf die Zucchini in der Form legen, mit dem Olivenöl beträufeln und im heißen Ofen (Mitte) ca. 12 Min. garen, dann den Backofengrill dazuschalten und noch 2–3 Min. leicht bräunen lassen. Forellen mit den Zucchini und eventuell etwas Baguette servieren.

Aus dem Vorrat
Du kannst auch TK-Forellen verwenden. Die solltest du aber kurz unter kaltes Wasser halten, dann auf einem Teller antauen lassen, im Sommer 20 Min., im Winter etwas länger.

GESUND UND SCHNELL – UND RICHTIG LECKER

Morgens nur ein Latte to go? Schokoriegel in der Mittagspause, Gummibärchen zwischendurch, dazu lauwarmer Kaffee und drei staubtrockene Kekse in der Konferenz? Und heute Abend? Sind endlich mal leckere Vitamine am Start. Und – versprochen! – sie landen schnell und mühelos auf deinem Teller: Fast Food vom Feinsten!

BIRNEN-AVOCADO-CARPACCIO MIT NORDSEEKRABBEN

Feierabendgrüße aus dem Norden

FÜR 2 PERSONEN
10 Min. Zubereitung
Pro Portion ca. 740 kcal,
14 g EW, 70 g F, 12 g KH

3 EL Zitronensaft
2 TL Senf
(am besten Dijon-Senf)
Salz | Pfeffer
6 EL Olivenöl
2 kleine Birnen
2 reife Avocados
100 g gegarte Nordseekrabben
(frisch oder aus dem Glas)
4 Stängel Dill

1 Den Zitronensaft, Senf, Salz und Pfeffer in eine kleine Schüssel geben und verrühren, dann das Olivenöl unterschlagen.

2 Die Birnen waschen und längs vierteln. Die Viertel vom Kerngehäuse befreien, dann längs in schmale Spalten schneiden und die Spalten auf zwei Tellern auslegen.

3 Die Avocados längs halbieren. Die Kerne entfernen. Das Fruchtfleisch mit einem Löffel jeweils im Ganzen aus den Schalen heben und in schmale Spalten schneiden. Die Spalten zwischen den Birnen auf den Tellern verteilen. Birnen- und Avocadospalten sofort mit gut der Hälfte des Zitronendressings beträufeln.

4 Die Nordseekrabben in einem Sieb abbrausen, kurz abtropfen lassen, dann in der kleinen Schüssel in dem restlichen Dressing wenden. Die Krabben auf den Tellern verteilen. Dill waschen und trocken schütteln. Die Spitzen abzupfen und auf das Carpaccio streuen. Das Carpaccio sofort servieren und bei großem Hunger Bauern-, Vollkornbrot oder Pumpernickel dazu genießen.

RUCOLA MIT KÜRBIS, WALNUSS UND ZIEGENGOUDA

Dein Herbsttag war trüb? Höchste Zeit für einen Chili-Frische-Kick!

FÜR 2 PERSONEN
20 Min. Zubereitung
Pro Portion ca. 515 kcal,
10 g EW, 41 g F, 28 g KH

5 EL Olivenöl | Salz
2 Msp. Chiliflocken (ersatzweise Pul biber; türkische Paprikaflocken)
1 TL getrockneter Rosmarin
1 Stück Hokkaidokürbis (ungeputzt ca. 250 g)
30 g Walnusskerne
100 g Rucola
1 EL Aceto balsamico bianco (ersatzweise Weißweinessig)
knapp 1 EL Honig
Pfeffer
40 g Ziegengouda

1 Den Backofen auf 250° vorheizen. In einer kleinen Schüssel 2 EL Olivenöl mit ½ TL Salz, Chiliflocken und Rosmarin vermischen.

2 Das Kürbisstück putzen, entkernen und waschen. Das Kürbisstück eventuell nochmals halbieren und in 3–4 mm dünne Scheibchen schneiden. Die Scheibchen in der Schüssel mit dem Würzöl vermischen. Die Walnusskerne grob hacken.

3 Ein Backblech mit Backpapier belegen. Die Kürbis-Scheibchen darauf – möglichst nebeneinander – verteilen und im heißen Ofen (Mitte) in 10–11 Min. weich backen, dabei nach ca. 6 Min. die Walnusskerne dazugeben und mitrösten.

4 Inzwischen den Rucola verlesen und grobe Stiele am besten mit einer Schere abschneiden. Die Blätter waschen, trocken schleudern und anschließend auf zwei große tiefe Teller verteilen.

5 Aceto balsamico bianco, Honig, Salz und Pfeffer in die Schüssel mit eventuell übrigem Kürbis-Würzöl geben und verquirlen. Dann das restliche Olivenöl (3 EL) unterschlagen. Das Dressing über den Rucola-Salat auf den Tellern träufeln.

6 Die gebackenen Kürbisscheibchen und Walnüsse aus dem Ofen holen und auf den Salaten verteilen. Den Ziegengouda in groben Spänen über die Salate hobeln. Kürbisscheibchen und Walnüsse nach Belieben noch etwas abkühlen lassen oder sofort servieren.

Kleiner Feierabend-Luxus
Für ein Topping mit Geschmackskick de luxe wechselst du für den Ziegengouda alten Pecorino ein.

ROTE BETE IM GLAS

Fast so schnell fertig wie Käsestullen

FÜR 2 PERSONEN
10 Min. Zubereitung
Pro Portion ca. 520 kcal,
19 g EW, 30 g F, 40 g KH

400 g vorgegarte Rote Beten (vakuumverpackt)
1 EL Limettensaft
½ TL Honig
Salz | Pfeffer
2 EL Olivenöl
2 Scheiben Vollkorntoast
2 Frühlingszwiebeln
100 g Blauschimmelkäse (z. B. Roquefort; s. Tipp)
1 EL Chia-Samen (nach Belieben)

1 Zwei breite Gläser bereitstellen. Die Roten Beten in ca. 1 cm große Würfel schneiden (am besten ziehst du vorher Küchenhandschuhe an, denn Rote Bete färbt stark ab). Anschließend die Rote-Bete-Würfel in den Gläsern verteilen.

2 Limettensaft, Honig, Salz und Pfeffer verrühren. Das Öl unterschlagen. Das Dressing über den Rote-Bete-Würfeln verteilen.

3 Die Brotscheiben toasten. Inzwischen die Frühlingszwiebeln putzen, waschen und mit dem zarten Grün in feine Ringe schneiden oder hobeln. Zwiebeln auf die Roten Beten streuen.

4 Den Käse zerbröckeln oder in Würfelchen schneiden, auf den Roten Beten verteilen und nach Belieben die Chia-Samen darüberstreuen. Die Roten Beten im Glas mit den Toasts servieren.

Austausch-Tipp
Der französische Roquefort wird aus Schafmilch gemacht und schmeckt intensiv-würzig. Wer mildere Aromen bevorzugt, nimmt stattdessen Fetakäse.

MINESTRONE MIT FRÜHLINGSZWIEBEL-GREMOLATA

Wärmt das Herz!

FÜR 2 PERSONEN
25 Min. Zubereitung
Pro Portion ca. 280 kcal,
13 g EW, 11 g F, 32 g KH

1 EL Gemüsebrühe (Instant)
½ TL Safranpulver (nach Belieben)
1 EL Olivenöl
1 Knoblauchzehe
3 Frühlingszwiebeln
½ Bio-Zitrone
1 dicke Möhre
2 Stangen Staudensellerie
1 Knolle Fenchel
70 g Spaghettini (ersatzweise andere fadendünne Nudeln, z. B. Vermicelli)
grob gemahlener Pfeffer
30 g Parmesan | Salz

1 Ca. 600 ml Wasser aufkochen. Das Brühepulver nach Belieben mit dem Safran in einen Topf geben und mit dem kochenden Wasser übergießen. Das Öl in einem größeren Schmortopf sanft erhitzen.

2 Inzwischen den Knoblauch schälen und hacken. Die Frühlingszwiebeln putzen und waschen. Weiße Teile hacken, schönes Grün in feine Ringe schneiden und beiseitelegen. Die Zitrone heiß waschen, abtrocknen und 1 TL Schale fein abreiben. Den Knoblauch und die gehackten Frühlingszwiebeln ins heiße Öl geben und anschließend ca. 5 Min. bei sehr kleiner Hitze andünsten.

3 Inzwischen die Möhre putzen, schälen, längs vierteln und quer sehr klein würfeln. Sellerie putzen, waschen und in feine Scheibchen schneiden. Den Fenchel waschen und putzen. Zartes Fenchelgrün abzupfen und beiseitelegen. Anschließend die Fenchelknolle längs halbieren, vom Strunk befreien und klein würfeln.

4 Gemüse in den Topf geben und unter die Zwiebel-Mischung rühren, dann die Hitze erhöhen. Die Brühe angießen und aufkochen. Nun die Spaghettini zerbrechen und dazugeben. Die Minestrone zugedeckt 6–8 Min. bei mittlerer Hitze köcheln lassen, bis das Gemüse und die Nudeln bissfest gegart sind.

5 Inzwischen die Frühlingszwiebelringe, Fenchelgrün, Zitronenschale und etwas Pfeffer mischen. Den Parmesan dazureiben und untermischen. Die Minestrone mit Salz und Pfeffer abschmecken und mit der Gremolata bestreut servieren.

GEMÜSE-BOHNEN-TOPF

Mit Chili- und Kräuterkick!

FÜR 2 PERSONEN
20 Min. Zubereitung
Pro Portion ca. 345 kcal,
13 g EW, 22 g F, 20 g KH

- 1 dicke Möhre
- 1 große rote Spitzpaprika
- 3 getrocknete, in Öl eingelegte Tomaten (+ 2 EL Tomatenöl)
- 1 EL Olivenöl
- 1 weiße Zwiebel
- 1 Knoblauchzehe
- 500 ml Gemüsebrühe
- 2 Zweige Thymian (ersatzweise ½ TL getrockneter Thymian)
- 1 Lorbeerblatt
- 1 Dose weiße Bohnen (240 g Abtropfgewicht)
- 50 g Kabanossi
- 3 Stängel Petersilie
- Salz
- 1 Prise Chiliflocken

1 Die Möhre putzen, schälen und längs vierteln. Die Viertel quer in dünne Scheibchen schneiden. Die Spitzpaprika längs halbieren, die Kerne entfernen. Die Hälften waschen, zuerst längs in Streifen und dann quer in Stückchen schneiden.

2 Tomaten mit einer Gabel aus dem Glas nehmen und über einem Schmortopf abtropfen lassen, 2 EL Tomatenöl und das Olivenöl in den Topf geben und sanft erhitzen. Inzwischen die Tomaten fein schneiden. Zwiebel und Knoblauch schälen und hacken. Beides im heißen Öl ca. 1 Min. bei kleiner Hitze andünsten.

3 Die Tomatenwürfelchen darüberstreuen. Spitzpaprikastreifen und Möhrenscheibchen unterrühren und alles 4 Min. unter ständigem Rühren weiterdünsten. Gemüsebrühe angießen, den Topfinhalt bei größerer Hitze aufkochen und kurz offen köcheln lassen.

4 Inzwischen den Thymian waschen und trocken schütteln. Die Blättchen abstreifen und mit dem Lorbeerblatt zum Gemüse geben. Die Bohnen in ein Sieb abgießen und abtropfen lassen, dann zum Gemüse in den Topf geben. Den Eintopf anschließend zugedeckt noch ca. 5 Min. bei kleiner Hitze köcheln lassen.

5 Inzwischen die Kabanossi in kleine Würfel schneiden, in den Gemüse-Bohnen-Topf geben und noch ca. 2 Min. miterhitzen. Die Petersilie waschen, trocken schütteln, die Blätter abzupfen und fein schneiden. Den Gemüse-Bohnen-Topf zum Schluss vorsichtig mit Salz und Chiliflocken abschmecken, auf zwei große Suppenschalen verteilen und sofort mit der Petersilie bestreut servieren.

DAL MIT ROTEN LINSEN UND PASTINAKEN

Wärmt Körper und Seele!

FÜR 2 PERSONEN
20 Min. Zubereitung
Pro Portion ca. 285 kcal,
18 g EW, 5 g F, 41 g KH

1 Knoblauchzehe
1 Stück frischer Ingwer (ca. 1 cm lang)
1 Stück Lauch (ca. 10 cm)
1 Pastinake (ca. 70 g)
1 TL Butterschmalz (ersatzweise Öl)
120 g rote Linsen
½ TL gemahlener Koriander
½ TL gemahlener Kreuzkümmel
1 Msp. gemahlene Kurkuma
1 TL Gemüsebrühe (Instant)
3 Stängel Koriandergrün (ersatzweise 1 EL TK-Petersilie)
Salz | Pfeffer
2 EL Sahnejoghurt (nach Belieben)

1 Den Knoblauch und den Ingwer schälen und sehr fein würfeln. Das Lauchstück längs halbieren, sehr gründlich waschen und fein hacken. Die Pastinake schälen und fein würfeln. Schon während des Schnippelns das Butterschmalz in einem Topf sanft erhitzen. In einem weiteren Topf gut 250 ml Wasser aufkochen.

2 Knoblauch, Ingwer, Lauch und Pastinake im Butterschmalz bei kleiner bis mittlerer Hitze ca. 3 Min. andünsten.

3 Die Linsen in einem Sieb mit kaltem Wasser abbrausen, dann in den Topf zum Schmalz geben und mit Koriander, Kreuzkümmel, Kurkuma und Brühepulver bestreuen. Das kochend heiße Wasser angießen, alles umrühren und aufkochen. Die Linsen bei kleiner Hitze zugedeckt in ca. 10 Min. weichköcheln lassen. Sie färben sich dabei gelb. Falls nötig, noch 2–4 EL Wasser dazugeben.

4 Inzwischen das Koriandergrün kalt abbrausen und trocken schütteln. Die Blättchen von den Stielen zupfen.

5 Dal mit Salz und Pfeffer abschmecken, auf zwei Schalen verteilen und je 1 Klecks Sahnejoghurt daraufgeben. Das Dal mit Korianderblättchen bestreuen und sofort servieren.

OFENGEMÜSE MIT CHICKEN-WINGS

Alles rein in die Form und ab damit in den Ofen!

FÜR 2 PERSONEN
20 Min. Zubereitung
30 Min. Backen
Pro Portion ca. 475 kcal,
31 g EW, 34 g F, 12 g KH

FÜR DAS GEMÜSE:
1 rote Zwiebel
1 große gelbe Paprika
1 Zucchino | 1 Tomate
Salz | Pfeffer
½ TL getrockneter Rosmarin
1 EL Olivenöl
2 EL schwarze Oliven

FÜR DIE CHICKEN-WINGS:
2 EL Olivenöl
1 TL Zitronensaft
1 TL brauner Zucker
Salz | Pfeffer
½ TL getrockneter Rosmarin
6 Chicken-Wings (Hähnchenflügel; à ca. 70 g)

AUSSERDEM:
1 flache ofenfeste Form (z. B. Quicheform)
1 EL Olivenöl für die Form

1 Den Backofen auf gut 220° vorheizen. Die Form mit Öl bepinseln. Die Zwiebel schälen, längs halbieren, in dünne Spalten schneiden und in die Form geben. Die Paprika längs vierteln. Die Kerne und Trennwände entfernen. Die Viertel waschen, quer in kurze Streifen schneiden und in die Form geben. Den Zucchino waschen, putzen und in dünne Scheiben schneiden. Zucchinischeiben in die Form geben und mit dem übrigen Gemüse mischen.

2 Die Tomate waschen, vom Stielansatz befreien, würfeln und dann darüberstreuen. Alles mit Salz, Pfeffer und Rosmarin kräftig würzen und mit dem Öl beträufeln. Die Oliven darüber verteilen.

3 Für die Chicken-Wings Olivenöl, Zitronensaft, braunen Zucker, ½ TL Salz, Pfeffer und Rosmarin in einer kleinen Schüssel mischen. Die Hähnchenflügel auf das Gemüse in der Form legen und rundherum gut mit dem Würzöl bepinseln.

4 Alles im heißen Backofen (Mitte) ca. 20 Min. backen, bis das Gemüse bissfest und die Hähnchenflügel gut durchgegart und goldbraun sind. Eventuell zum Schluss noch 1–2 Min. den Backofengrill dazuschalten, anschließend alles in der Form servieren.

GEMÜSEWOK MIT SPROSSEN UND SESAM

Hier darf variiert werden – ganz nach Tageslaune und Angebot im Supermarkt.

FÜR 2 PERSONEN
20 Min. Zubereitung
Pro Portion ca. 240 kcal,
9 g EW, 13 g F, 18 g KH

2 EL heller Sesam
1 Schalotte (ersatzweise 1 kleine Zwiebel)
1 Stück frischer Ingwer (ca. 1 cm lang)
3 EL Sojasauce
1 TL brauner Zucker
2 EL Reiswein (nach Belieben; ersatzweise Sherry)
½ TL Speisestärke
100 ml Gemüsebrühe
100 g Shiitake-Pilze
1 Mini-Pak-Choi (ersatzweise Chicorée)
100 g Zuckerschoten
1 EL Öl
100 g Mungbohnensprossen
1 TL Chiliflocken (nach Belieben)

1 Sesam im Wok bei mittlerer Hitze rösten, bis er duftet, dann auf einen Teller schütten. Schalotte und Ingwer schälen und fein hacken. Für die Sauce 2 EL Sojasauce mit Zucker, Reiswein und Speisestärke verrühren. Dann die Gemüsebrühe unterrühren.

2 Die Pilze mit einem Tuch abreiben. Die Stiele rausdrehen und entfernen. Die Hüte feinblättrig schneiden. Pak Choi putzen und waschen, den Strunk abschneiden. Weiße Stiele in feine Streifen schneiden. Die Blätter in breitere Streifen schneiden. Die Zuckerschoten waschen, putzen und quer halbieren.

3 Schon während des Schnippelns den Wok erneut erhitzen. Dann das Öl reingeben. Pilze darin unter Rühren bei großer Hitze ca. 1 Min. braten. Pak-Choi-Stiele dazugeben und dann 1–2 Min. mitbraten. Zuckerschoten, Schalotte und Ingwer dazugeben und ca. 2 Min. mitbraten. Die Pak-Choi-Blätter und die Sprossen unterrühren. Alles nach Belieben mit den Chiliflocken würzen. Die Sauce angießen und alles 2–3 Min. unter Rühren köcheln lassen.

4 Das Gemüse mit übriger Sojasauce (1 EL) und eventuell noch etwas Zucker abschmecken und mit den gerösteten Sesamsamen bestreut servieren. Dazu passen auch sehr gut Asia-Nudeln.

*{ **Noch bequemer!***
Statt Sojasauce, Reiswein und Brühe zu mischen, kannst du auch Wok- oder Teriyaki-Sauce verwenden, mit der du zum Schluss alles abschmeckst. In der Asia-Gemüse-Ecke schaut es mau aus? Dann such in der Tiefkühltheke nach einem Asia-Gemüse-Mix ohne Würzzutaten.

BUTTERGEMÜSE MIT KARAMELLISIERTEM ZIEGENKÄSE

Frühlingsgrüße am Feierabend!

FÜR 2 PERSONEN
25 Min. Zubereitung
Pro Portion ca. 310 kcal,
10 g EW, 26 g F, 11 g KH

500 g gemischtes Gemüse (z. B. 1 kleiner Kohlrabi, 5 Stangen grüner Spargel, 2 zarte Möhren, 1 Handvoll TK-Erbsen, s. Tipp)
Salz | 2 EL Butter
1 EL TK-Schnittlauch
½ EL Pfeffer (grob gemahlen; ersatzweise 1 EL zerstoßene rosa Pfefferbeeren)
4 kleine Ziegenkäsetaler (ersatzweise 4 ca. 2 cm dicke Scheiben von einer kleinen Ziegenkäserolle)
1 TL brauner Zucker
1 EL Aceto balsamico (nach Belieben)

AUSSERDEM:
1 ofenfeste Form

1 In einem Topf knapp 3 l Wasser aufkochen. Inzwischen das Gemüse schälen bzw. waschen und putzen. Schönes Kohlrabi- oder Möhrengrün abzupfen, grob zerzupfen und beiseitelegen. Kohlrabi in knapp 1 cm große Würfel schneiden. Holzige Enden beim Spargel großzügig entfernen. Die Spargelstangen in 2–3 cm lange Stücke schneiden. Die Möhren schräg in Scheiben schneiden.

2 Wenn das Wasser kocht, 1 TL Salz dazugeben. Dann alles frische Gemüse hineingeben. Wasser erneut aufkochen und das Gemüse ca. 3 Min. sprudelnd kochen lassen. Anschließend die TK-Erbsen dazugeben und alles knapp 2 Min. offen sprudelnd kochen. Das Gemüse in ein großes Sieb abgießen und sofort mit eiskaltem Wasser abbrausen, dann im Sieb abtropfen lassen.

3 Die Butter in einem breiten Topf sanft schmelzen und gleichzeitig den Backofengrill vorheizen. Die Butter mit Salz und Schnittlauch würzen. Die Hälfte des Pfeffers über die Käsetaler streuen und leicht in die Käsetaler drücken, dann den Zucker darüberstreuen.

4 Das Gemüse in die Butter geben, darin schwenken und darin bei kleiner Hitze kurz erwärmen. Parallel dazu die Ziegenkäsetaler in eine ofenfeste Form setzen und unter dem vorgeheizten Backofengrill 1–2 Min. gratinieren, bis sie leicht bräunen.

5 Das Gemüse auf zwei Teller verteilen, den Ziegenkäse darauf anrichten. Alles mit restlichem Pfeffer bestreuen und nach Belieben mit etwas Balsamico garnieren, dann genießen, z. B. mit Baguette.

Blitzschnell durch den Gemüsegarten
Besonders schnell sind Zucchinistifte, Frühlingszwiebelstücke und halbierte Zuckerschoten gar. Sie brauchen im Sprudelbad nur knapp 2 Min. In der Spargelsaison kannst du auch nur grünen Spargel nehmen. Noch schneller geht's, wenn du eine TK-Gemüsemischung verwendest. Dann sparst du dir auch die Putzerei.

GNOCCHI MIT AUSTERNPILZEN, KIRSCHTOMATEN UND SALBEI

Kleine Knödel – großer Genuss!

FÜR 2 PERSONEN
20 Min. Zubereitung
Pro Portion ca. 375 kcal,
8 g EW, 20 g F, 40 g KH

200 g Austernpilze
100 g Kirschtomaten
1 rote Spitzpaprika
4 Salbeiblättchen (nach Belieben)
1 Knoblauchzehe
200 g Gnocchi (Kühlregal)
1 EL Butter
1 EL Olivenöl
100 ml Gemüsebrühe
2 EL Crème fraîche
Salz | Pfeffer

1 Die Austernpilze mit einem feuchten Küchenpapier abreiben und dicke sowie harte Stielenden abschneiden. Die Pilze in Streifen schneiden. Tomaten waschen und halbieren. Von der Paprika den Stiel abschneiden. Die Kerne und Trennwände mit einem spitzen Messer rauskratzen. Paprika waschen und in Ringe schneiden.

2 Die Salbeiblättchen waschen, trocken tupfen und fein hacken. Die Knoblauchzehe schälen und fein hacken.

3 Falls nötig, die Gnocchi nach Packungsangabe in wenig heißem Wasser zugedeckt ca. 2 Min. vorgaren. Butter und Öl in einer Pfanne stark erhitzen. Die Austernpilze darin bei großer Hitze 1–2 Min. unter Rühren anbraten. Den Salbei bis auf einen kleinen Rest und den Knoblauch darüberstreuen. Die Hitze etwas reduzieren, (eventuell vorgegarte) Gnocchi und Paprikaringe dazugeben und ca. 2 Min. unter gelegentlichem Rühren mitbraten.

4 Die Kirschtomaten dazugeben und ca. 1 Min. mitbraten, dann die Brühe angießen und die Crème fraîche unterrühren. Alles kurz einköcheln lassen, mit Salz und Pfeffer würzen und abschmecken und mit dem restlichen Salbei bestreut servieren.

Noch schneller
Brate die Pilze einfach in fertiger Kräuterbutter an. Übrige Gnocchi lassen sich gut einfrieren.

Lust auf Fleisch?
Statt der Austernpilze 1 Kalbsschnitzel in Streifen schneiden und mitbraten.

REIS MIT GARNELEN UND BUNTEM GEMÜSE

Eine Schale für Genießer!

FÜR 2 PERSONEN
20 Min. Zubereitung
Pro Portion ca. 395 kcal, 18 g EW, 12 g F, 54 g KH

Salz
1 Beutel Schnellkochreis (Spitzen-Langkorn)
120 g TK-Garnelen (»King Prawns«)
100 g Zuckerschoten (ersatzweise TK-Erbsen)
1 Möhre
1 rote (Spitz-)Paprika
1 Knoblauchzehe
2 EL Olivenöl
Cayennepfeffer
3 Stängel Basilikum

1 1 l Wasser in einem Topf zum Kochen bringen und salzen. Den Reis im Beutel in das kochende Wasser legen, nach Packungsangabe in ca. 8 Min. garen, dann aus dem Wasser nehmen.

2 Während das Wasser für den Reis aufkocht, die Garnelen in ein Sieb geben und mit kaltem Wasser abbrausen, bis die Eisschicht entfernt ist, dann die Garnelen abtropfen lassen.

3 Die Zuckerschoten waschen, putzen und quer halbieren. Die Möhre schälen und in dünne Scheiben schneiden oder hobeln. Die Spitzpaprika längs halbieren. Kerne und Trennwände entfernen. Die Paprikahälften waschen und in kleine Stücke schneiden. Zuletzt den Knoblauch schälen und fein hacken.

4 Während des Schnippelns das Öl in einer Pfanne erhitzen. Das klein geschnittene Gemüse darin bei kleiner bis mittlerer Hitze ca. 3 Min. andünsten. Den Knoblauch unterrühren. Die Garnelen in die Pfanne geben und bei mittlerer Hitze ca. 4 Min. (oder nach Packungsangabe) mitbraten, bis sie rosa werden und knapp durchgebraten sind. Alles kräftig mit Salz und Cayennepfeffer würzen.

5 Den gegarten Reis aus dem Kochbeutel in die Pfanne geben und unterrühren. Das Basilikum waschen und trocken schütteln. Die Blättchen abzupfen und nach Belieben kleiner zupfen. Basilikum über den Gemüse-Garnelen-Reis streuen. Alles in der Pfanne servieren.

MASALA-HÄHNCHEN MIT SÜSSKARTOFFELSTAMPF

Indisch inspiriert – statt Yoga!

FÜR 2 PERSONEN
25 Min. Zubereitung
Pro Portion ca. 650 kcal,
34 g EW, 42 g F, 34 g KH

FÜR DEN STAMPF:
1 Frühlingszwiebel
300 g Süßkartoffel
1½ EL Butterschmalz (ersatzweise Butter)
2 EL Milch | Salz
frisch geriebene Muskatnuss

FÜR DAS HÄHNCHEN:
2 EL Butterschmalz (ersatzweise 1 EL Butter und 1 EL Öl)
1 TL Garam Masala (indische Gewürzmischung, s. Tipp)
1 TL Salz
2 kleine Hähnchenbrustfilets (à ca. 130 g)
2 EL Cashewkerne (ersatzweise Erdnüsse)

AUSSERDEM:
1 kleine Avocado

1 Für den Stampf die Frühlingszwiebel putzen und waschen. Weißen Teil würfeln. Schönes Grün in Ringe schneiden und beiseitelegen. Die Süßkartoffel schälen und in kleine Stücke schneiden. Parallel dazu 1 EL Butterschmalz in einem Topf sanft erhitzen.

2 Die weißen Zwiebelwürfel im Butterschmalz ca. 1 Min. andünsten. Die Süßkartoffelwürfel dazugeben und kurz mitdünsten. 200 ml Wasser angießen, aufkochen und salzen. Die Süßkartoffelwürfel bei mittlerer Hitze zugedeckt in gut 10 Min. weich garen.

3 Inzwischen für das Hähnchen das Butterschmalz in einer kleinen Pfanne erhitzen. Garam Masala mit dem Salz mischen. Die Hähnchenbrustfilets rundherum mit der Gewürzmischung einreiben.

4 Filets im heißen Schmalz pro Seite 3–4 Min. bei kleiner bis mittlerer Hitze braten, sie sollen ganz durchgebraten sein, dann die Filets aus der Pfanne nehmen und kurz ruhen lassen. Die Cashews hacken und in der Pfanne im verbliebenen Fett kurz rösten.

5 Avocado halbieren, den Kern entfernen, das Fruchtfleisch mit einem Löffel aus der Schale heben und längs in Scheiben schneiden. Die gegarten Süßkartoffeln abgießen, die Milch und das restliche Butterschmalz (½ EL) dazugeben. Süßkartoffeln mit Salz und 1 Prise Muskat würzen, mit einem Stampfer grob zerstampfen und auf zwei Tellern anrichten. Die Hähnchenfilets in Scheiben schneiden und darauflegen. Avocadoscheiben daneben arrangieren. Cashews, Frühlingszwiebelgrün und nach Belieben noch 1 Prise Garam Masala über das Gericht streuen und sofort genießen.

Für den exotischen Touch
Die indische Gewürzmischung Garam Masala findest du nicht nur in Asia-Shops, sondern mittlerweile auch in vielen »normalen« Supermärkten. Du kannst auch eine eigene Mischung herstellen, z. B. aus je ½ TL gemahlenem Kardamom, Pfeffer und Zimtpulver sowie 1 fein zerstoßenen Nelke. Auch mit dem indischen Fünf-Gewürz-Pulver lässt sich die Hähnchenbrust fein aromatisieren. Beim Süßkartoffelstampf kannst du auch noch 1 TL frisch geriebenen Ingwer mit der weißen Frühlingszwiebel andünsten.

WORKOUT ZUM WOHLFÜHLEN

Nein, heute müssen wir vor keinem Säbelzahntiger mehr wegrennen. Doch Bewegung und körperliche Anstrengung helfen uns am Feierabend, Distanz zu unliebsamen Verfolgern zu schaffen – z. B. zur To-do-Liste von morgen.

LEGALES DOPING

Vom Bürostuhl in den Aufzug zur Tiefgarage, aus dem Auto dann gleich rauf aufs Sofa? Keine gute Idee! Gute Laune am Feierabend bekommst du viel eher, wenn du erst mal ein halbes Stündchen Workout einplanst, am besten gleich nach der Arbeit. Die körperliche Anstrengung setzt in unserem Körper Endorphine frei, und die sorgen für Glücksgefühle.

ALARM!

Stress ist eine Reaktion unseres Körpers auf Bedrohung. Hormone wie Adrenalin und Cortisol werden ausgeschüttet. Sie lassen z. B. den Blutdruck ansteigen, versorgen die Muskeln mit mehr Sauerstoff und erhöhen den Blutzuckerspiegel. Vieles läuft auf Hochtouren – im Angesicht des Säbelzahntigers war das für unsere Vorfahren lebensrettend. Denn so stand eine Extraportion Energie bereit für den aufreibenden Kampf oder die kräftezehrende Flucht. Mit der körperlichen Anstrengung bei Kampf oder Flucht wurden unsere Vorfahren die Flut der Stresshormone wieder los. Das klappt heute ebenfalls, auch wenn die Bedrohung nicht mehr Säbelzahntiger, sondern Termindruck heißt.

LAUF, WO DU MAGST!

Der eine Jogger lebt doppelt auf, wenn er Waldboden unter den Füßen, Wind im Haar und Sonne (oder auch mal Regen) auf der Haut spürt. Der anderen Läuferin ist gerade das ein Graus. Sie findet das Laufband im schicken Studio angenehmer, wo man gleichzeitig auch die Lieblingsserie schauen kann. Egal, wo du joggst: Jeder Schritt bringt dich dem Feierabend entgegen.

WER IST DER RICHTIGE?

Es gibt nicht einen optimalen Sport für alle! Such dir den, der am besten zu dir passt. Und mit dem du dann auch gern und regelmäßig zusammen bist. Das kann Hatha-Yoga oder Qi-Gong sein, aber auch Schwimmen, Handball oder Spazierengehen. Probier aus, was dir Spaß macht. Und achte dabei nicht auf Trends!

KÖRPER & GEIST

Besonders gut entspannst du, wenn du dich bei der Bewegung auch konzentrieren musst. Das haben Sportmediziner herausgefunden. Deshalb tut Yoga vielen so gut, denn das ganzheitliche Übungssystem aus Indien bringt Körper, Geist und Seele ins Gleichgewicht. Wer mehr Action mag, wählt Ballsportarten. Denn auch z. B. beim Tennismatch oder Volleyballspiel musst du dich immer wieder auf neue Spielsituationen einstellen, Entscheidungen in Sekundenschnelle treffen – das wirft ganz schnell die unangenehmen Posten auf deiner To-do-Liste aus dem Kopf.

NICHT NUR AM WOCHENENDE!

Freu dich, wenn du kein Weekend-Warrior bist! So werden Sportler genannt, die sich nur einmal am Wochenende radikal auspowern, etwa Halbmarathon laufen oder extrem bergsteigen. Das ist nämlich gar nicht so empfehlenswert, wie Statistiken von Versicherungen zeigen. Für Gesundheit und Wohlbefinden ist es besser, sich regelmäßig ein bisschen zu bewegen.

FÜR SOFAKARTOFFELN

Wenn du Sportvereine hasst, dich zum Joggen nicht aufraffen kannst und weder Yoga noch Fitnessstudio attraktiv findest: Dann pendel mit dem Fahrrad zur Arbeit. Oder steig ein, zwei Stationen früher aus dem Bus und geh den restlichen Heimweg zu Fuß. Wenn du mit dem Auto fährst, mach eine kleine Pause auf einem Parkplatz – dehn dich und streck dich ausgiebig. Dreh mit dem Nachbarshund noch eine Runde im Park, bevor du aufs Sofa fällst. Oder geh noch einmal um den Block durch den Kiez. Schon 20 Minuten Bewegung steigern dein Wohlbefinden. Das sagt jedenfalls die Weltgesundheitsorganisation (WHO), und die muss es ja wissen.

FEIERABEND-CHILI

Have a nice evening – hot and spicy!

FÜR 2 PERSONEN
30 Min. Zubereitung
Pro Portion ca. 670 kcal,
47 g EW, 38 g F, 31 g KH

2 EL Olivenöl
1 kleine weiße Zwiebel
1 Knoblauchzehe
1 gelbe Paprika
250 g mageres Rinderhackfleisch
Salz | Pfeffer
1 TL Chilipulver
1 Msp. Kreuzkümmel
1 Msp. gemahlener Koriander
100 ml kräftige Brühe
1 Dose stückige Tomaten (400 g)
1 Dose Kidneybohnen (240 g Abtropfgewicht)
50 g Cheddar-Käse (ersatzweise Emmentaler)
½ Bund Koriandergrün (ersatzweise Petersilie)

1 Das Olivenöl in einem Schmortopf sanft erhitzen. Während es heiß wird, die Zwiebel und den Knoblauch schälen und hacken. Die Paprika längs halbieren. Kerne und Trennwände entfernen. Die Hälften waschen und in feine Stückchen schneiden.

2 Zwiebel, Knoblauch und Paprika im heißen Öl bei mittlerer Hitze 1 Min. unter Rühren andünsten. Dann die Hitze erhöhen und das Hackfleisch einrühren. Alles unter Rühren 3–4 Min. braten, bis das Hackfleisch braun und krümelig ist. Alles mit Salz, Pfeffer, Chilipulver nach gewünschter Schärfe, Kreuzkümmel und Koriander würzen.

3 Die Brühe angießen. Alles zugedeckt 10–15 Min. bei mittlerer Hitze köcheln lassen. Die Tomaten dazugeben. Die Kidney-Bohnen in ein Sieb abgießen, dann zum Chili geben. Den Eintopf umrühren und noch mal aufkochen lassen. Den Käse reiben, das Koriandergrün waschen, trocken schütteln und die Blättchen abzupfen.

4 Das Chili nochmals abschmecken, auf zwei Schalen verteilen. Korianderblättchen und Käse darüberstreuen und das Chili servieren, bei großem Hunger mit Tortilla-Chips oder Baguette.

Ratzfatz mit Beefsteakhack
Noch schneller als mit Hackfleisch steht das Chili auf dem Tisch, wenn du stattdessen Beefsteakhack verwendest. Damit verkürzt sich die Schmorzeit auf nur 5 Minuten.

LAMM-GEMÜSE-BLITZRAGOUT MIT COUSCOUS

Orientalisch inspiriert

FÜR 2 PERSONEN
20 Min. Zubereitung
Pro Portion ca. 575 kcal,
34 g EW, 24 g F, 52 g KH

450 ml leichte Gemüsebrühe
120 g Instant-Couscous
2 Lammfilets (à ca. 120 g)
1 kleine Aubergine
1 große rote Spitzpaprika
4 EL Olivenöl
1 EL Tomatenmark
Salz | Pfeffer
1 TL Ras el Hanout
1 EL Ketchup
1 Handvoll Kirschtomaten
3 Stängel Minze (nach Belieben)

Bei großem Hunger …
… noch Kichererbsen aus der Dose mit den Kirschtomaten zum Ragout geben.

1 300 ml Gemüsebrühe in einem Topf aufkochen. Couscous einrühren, den Topf von der Herdplatte nehmen und den Couscous ca. 10 Min. quellen lassen, dabei die Körnchen ab und zu mit einer Gabel auflockern. Inzwischen Fett, Häutchen und eventuell Sehnen vom Lammfleisch abschneiden. Die Fleischstränge quer würfeln.

2 Die Aubergine waschen und putzen, dann längs in gut 1 cm dicke Scheiben schneiden und diese würfeln. Die Spitzpaprika längs halbieren. Die Kerne und Trennwände entfernen. Die Hälften waschen und in gut 1 cm große Stücke schneiden.

3 Schon während des Schnippelns 2 EL Öl in einer Pfanne erhitzen. Die Auberginenwürfel darin bei großer Hitze unter Rühren ca. 2 Min. anbraten, übriges Öl (2 EL), die Lammwürfel sowie die Paprikastücke dazugeben und alles unter Rühren ca. 3 Min. braten. Anschließend das Tomatenmark dazugeben und kurz mitbraten.

4 Alles mit Salz, Pfeffer und ½ TL Ras el Hanout kräftig würzen. Restliche Gemüsebrühe (150 ml) mit dem Ketchup dazugießen. Das Ragout aufkochen und noch ca. 4 Min. zugedeckt garen, bis die Auberginen weich sind und das Fleisch innen rosa ist. Die Kirschtomaten waschen und halbieren. Die Tomaten unter das Ragout rühren und dieses noch ca. 2 Min. offen garen.

5 Inzwischen die Minze waschen, trocken schütteln und fein hacken. Das Ragout nochmals abschmecken und mit dem gequollenen Couscous und mit Minze bestreut servieren.

KNUSPRIGES FISCHFILET AUF ZUCCHINISPAGHETTI

Low Carb vom Feinsten

FÜR 2 PERSONEN
20 Min. Zubereitung
Pro Portion ca. 360 kcal,
40 g EW, 18 g F, 11 g KH

4 schmale Zucchini (am besten gelbe und grüne)
350 g Fischfilet mit Haut (z. B. Zanderfilet oder Lachsfilet)
Salz | Pfeffer
½ EL Mehl
3 EL Olivenöl
1 EL kleine Kapern
1 EL TK-Petersilie

1 Die Zucchini waschen, putzen und mit dem Spiralschneider in Spaghetti schneiden. Oder die Zucchini mit einem scharfen Messer zuerst längs in Bandnudel-Scheiben, dann diese in feine Spaghettistreifen schneiden. Den Backofen auf 80° vorheizen.

2 Das Fischfilet waschen und mit Küchenpapier trocken tupfen. Die Haut mit einem spitzen Messer rautenförmig einschneiden. Das Filet in vier kleine Portionsstücke schneiden, salzen, pfeffern und auf der Hautseite dünn mit dem Mehl bestäuben.

3 2 EL Öl in einer Pfanne stark erhitzen. Dann die Fischfilets darin auf der Haut bei mittlerer Hitze je nach Dicke 3–4 Min. braten, umdrehen und 1–2 Min. weitergaren. Die Fischfilets in einer Form oder auf einem Teller im Backofen warm stellen.

4 Das restliche Öl (1 EL) zum Bratfett in die Pfanne geben und erhitzen. Die Zucchinispaghetti darin in 3–5 Min. bei mittlerer Hitze unter Rühren bissfest garen, die Kapern und die Petersilie unterrühren. Die Zucchini kräftig mit Salz und Pfeffer abschmecken, mit dem Fisch auf zwei Tellern anrichten und sofort servieren.

Noch ein paar Kohlenhydrate gewünscht?
Dann für ein Kartoffelpüree noch vor dem Zucchinischneiden etwas Salzwasser in einem Topf aufkochen. 1 große mehligkochende Kartoffel schälen, grob zerschneiden und im Salzwasser in 15–20 Min. weich kochen. Abgießen, mit 1 EL Butter grob zerstampfen, dann mit einem Schneebesen durchrühren und dabei 1–3 EL Milch unterrühren. Püree mit Salz, Pfeffer und frisch geriebener Muskatnuss abschmecken und zu Fischfilet und Zucchini servieren.

KABELJAU MIT BASILIKUM-TOMATEN

... und einem Hauch Vanille!

FÜR 2 PERSONEN
20 Min. Zubereitung
Pro Portion ca. 310 kcal,
33 g EW, 13 g F, 14 g KH

2 getrocknete, in Öl eingelegte Tomaten
3–4 vollreife Tomaten
1 TL brauner Zucker
Salz | Pfeffer
1 kräftige Prise gemahlene Vanille (s. Tipp)
4 Stängel Basilikum
2 EL Butter
350 g Kabeljau-Loins (grätenfreie Rückenfilets; ersatzweise anderes weißfleischiges Fischfilet)
1 EL Mehl

1 Knapp 1 l Wasser im Wasserkocher aufkochen. Die getrockneten Tomaten in eine Schüssel abtropfen lassen, anschließend in feine Streifen schneiden und zum Öl in die Schüssel geben.

2 Die frischen Tomaten kreuzweise einschneiden, in einem Topf mit dem kochenden Wasser überbrühen und etwas darin ziehen lassen. Dann die Tomaten häuten, entkernen, von Stielansätzen befreien, würfeln und mit den getrockneten Tomaten mischen. Die Mischung mit dem Zucker, ½ TL Salz, Pfeffer und Vanille würzen.

3 Basilikum waschen und trocken schütteln. Die Blätter abzupfen und kleiner zupfen. Die Butter in einer großen Pfanne sanft erhitzen. Inzwischen die Kabeljau-Loins waschen, trocken tupfen und in zwei Stücke teilen. (»Normales« Fischfilet auf Gräten untersuchen und diese entfernen.) Die Stücke salzen und pfeffern. Das Mehl in ein kleines Sieb geben und über die Fischstücke stäuben.

4 Die Kabeljaustücke in der geschmolzenen Butter bei kleiner bis mittlerer Hitze 2–3 Min. braten, dann wenden und die Tomaten mit in die Pfanne geben. Fisch in weiteren 2–3 Min. durchgaren, dabei die Tomaten miterhitzen. Fisch und Tomaten auf zwei Tellern anrichten, mit Basilikum bestreuen und servieren, z. B. mit Baguette.

Noch einfacher
Statt Zucker und gemahlener Vanille kannst du auch einfach 1 TL Bourbon-Vanillezucker zum Verfeinern des Tomatengemüses nehmen.

REGISTER DER REZEPTE UND HAUPTZUTATEN

Damit du Rezepte mit häufigen Zutaten schnell findest, sind diese ebenfalls eingeordnet und fett gedruckt – über den entsprechenden Rezepten.

A

Antipasti im Glas 4
Apfel
Bratwurst mit Coleslaw 102
Matjes mit Apfel und Pumpernickel 45
Schweinekotelett mit Apfel-Rahm-Sauce 107
Artischocken: Pizza mit Ziegenkäse, Parmaschinken und Rucola 64
Asia-Instant-Soup 60
Auberginen
Auberginen-Gulasch 86
Lamm-Gemüse-Blitzragout mit Couscous 146
Austernpilze: Gnocchi mit Austernpilzen, Kirschtomaten und Salbei 136
Avocado
Birnen-Avocado-Carpaccio mit Nordseekrabben 118
Feierabend-Bowl 58
Gurken-Avocado-Suppe 63
Masala-Hähnchen mit Süßkartoffelstampf 140
Süßkartoffel-Toast mit Avocado-Chili-Dip 66

B

Basilikum: Kabeljau mit Basilikum-Tomate 151
Birnen-Avocado-Carpaccio mit Nordseekrabben 118
Blumenkohl-Kartoffel-Auflauf 96
Bohnen
Bohnenbuletten mit Tomaten-Dip 36
Bohnen-Hummus mit Möhren 20
Bratkartoffeln mit Spiegelei 24
Feierabend-Chili 144
Gemüse-Bohnen-Topf 126
Hähnchenpfanne mit Bohnen-Duo 104
Pasta mit Kartoffeln und Bohnen 90
Bratwurst mit Coleslaw 102
Brezel: Obatzda mit Brezel und Radieserl 42
Brot
Nizza-Burger 50
Rote Bete im Glas 122
Bunte Quinoa 32
Buttergemüse mit karamellisiertem Ziegenkäse 134

C

Chili
Erbsencreme-Süppchen mit Chili 17
Feierabend-Chili 144
Süßkartoffel-Toast mit Avocado-Chili-Dip 66
Clafoutis mit Tomaten 72
Couscous 4
Couscous-Salat mit Grapefruit 54
Lamm-Gemüse-Blitzragout mit Couscous 146
Cracker-Crostini mit Topping-Duo 12

D

Dal mit roten Linsen und Pastinaken 128
Dosentomaten 4
Auberginen-Gulasch 86
Bohnenbuletten mit Tomaten-Dip 36
Feierabend-Chili 144
Kokos-Tomaten-Suppe 18
One-Pot-Pasta puttanesca 30
Orientalische Kichererbsenpfanne 35
Pizza mit Ziegenkäse, Parmaschinken und Rucola 64

E

Eier 5
Bratkartoffeln mit Spiegelei 24
Clafoutis mit Tomaten 72
Majorankartoffeln mit Radieschen-Remoulade 89
Nizza-Burger 50
Rührei mit Zwiebel, Käse und Kürbiskernen 14
Erbsen: Erbsencreme-Süppchen mit Chili 17
Essig und Öl 5

F

Feierabend-Bowl 58
Feierabend-Chili 144
Feige
Feldsalat mit Feige und Roquefort 74
Fladenbrot-Flammkuchen mit Feige und Speck 49
Feldsalat mit Feige und Roquefort 74
Fenchel: Lachs auf Orangen-Fenchel 68
Feta 5
Gefülltes Pita-Brot 79
Kichererbsen-Salat mit Feta 57
Spinatgratin mit Feta 26
Fischfilet auf Zucchinispaghetti, knuspriges 149
Fischfilet mit Ras-el-Hanout-Bröselkruste 113
Fladenbrot-Flammkuchen mit Feige und Speck 49
Forellen: Gewürz-Forellen auf Zucchinibett 114
Frischkäse 5
Frühlingszwiebeln: Minestrone mit Frühlingszwiebel-Gremolata 125

G

Garnelen
Linguine mit scharfem Zitronenöl und Garnelen 29
Reis mit Garnelen und buntem Gemüse 139
Gefülltes Pita-Brot 79
Gemüse
Buttergemüse mit karamellisiertem Ziegenkäse 134
Gemüse-Bohnen-Topf 126
Gemüsewok mit Sprossen und Sesam 132

Lamm-Gemüse-Blitzragout mit Couscous 146
Reis mit Garnelen und buntem Gemüse 139
Geröstete Schupfnudeln mit Spitzkohl 92
Gewürze 6
Gnocchi mit Austernpilzen, Kirschtomaten und Salbei 136
Grapefruit: Couscous-Salat mit Grapefruit 54

H

Heidelbeeren: Rahm-Pilzragout mit Heidelbeeren 98
Huhn
Hähnchenpfanne mit Bohnen-Duo 104
Masala-Hähnchen mit Süßkartoffelstampf 140
Ofengemüse mit Chicken-Wings 131
Hülsenfrüchte 6

I

Ingwer 6

K

Kabeljau mit Basilikum-Tomate 151
Kartoffeln 7
Blumenkohl-Kartoffel-Auflauf 96
Bratkartoffeln mit Spiegelei 24
Majorankartoffeln mit Radieschen-Remoulade 89
Pasta mit Kartoffeln und Bohnen 90
Käse: Rührei mit Zwiebel, Käse und Kürbiskernen 14
Kichererbsen
Kichererbsen-Salat mit Feta 57
Orientalische Kichererbsenpfanne 35
Kirschtomaten: Gnocchi mit Austernpilzen, Kirschtomaten und Salbei 136
Knoblauch 7
Knuspriges Fischfilet auf Zucchinispaghetti 149
Kokosmilch 7
Kokos-Tomaten-Suppe 18
Thai-Curry mit Pute 101
Kräuter 7
Kürbis: Rucola mit Kürbis, Walnuss und Ziegengouda 120
Kürbiskerne: Rührei mit Zwiebel, Käse und Kürbiskernen 14

L

Lachs auf Orangen-Fenchel 68
Lamm-Gemüse-Blitzragout mit Couscous 146
Lammkoteletts mit Tomaten 110
Limetten: Wraps mit Limetten-Mayo, Schinken und Melone 80
Linguine mit scharfem Zitronenöl und Garnelen 29
Linsen
Dal mit roten Linsen und Pastinaken 128
Linsensalat mit Orangen-Dressing 84

M

Majorankartoffeln mit Radieschen-Remoulade 89
Makkaroni caprese 95
Masala-Hähnchen mit Süßkartoffelstampf 140
Matjes mit Apfel und Pumpernickel 45
Mayonnaise: Wraps mit Limetten-Mayo, Schinken und Melone 80
Melone: Wraps mit Limetten-Mayo, Schinken und Melone 80
Minestrone mit Frühlingszwiebel-Gremolata 125
Möhren 7
Bohnen-Hummus mit Möhren 20
Bratwurst mit Coleslaw 102
Bunte Quinoa 32
Feldsalat mit Feige und Roquefort 74
Gemüse-Bohnen-Topf 126
Kichererbsen-Salat mit Feta 57
Linsensalat mit Orangen-Dressing 84
Minestrone mit Frühlingszwiebel-Gremolata 125
Orientalische Kichererbsenpfanne 35
Reis mit Garnelen und buntem Gemüse 139
Mozzarella
Feierabend-Bowl 58
Makkaroni caprese 95

N

Nizza-Burger 50
Nordseekrabben: Birnen-Avocado-Carpaccio mit Nordseekrabben 118
Nudeln 8
Asia-Instant-Soup 60
Geröstete Schupfnudeln mit Spitzkohl 92
Gnocchi mit Austernpilzen, Kirschtomaten und Salbei 136
Linguine mit scharfem Zitronenöl und Garnelen 29
Makkaroni caprese 95
Minestrone mit Frühlingszwiebel-Gremolata 125
One-Pot-Pasta puttanesca 30
Pasta mit Kartoffeln und Bohnen 90
Nüsse und Kerne 8

O

Obatzda mit Brezel und Radieserl 42
Ofengemüse mit Chicken-Wings 131
One-Pot-Pasta puttanesca 30
Orangen
Lachs auf Orangen-Fenchel 68
Linsensalat mit Orangen-Dressing 84
Orientalische Kichererbsenpfanne 35

P

Paprika
Auberginen-Gulasch 86
Feierabend-Chili 144
Gemüse-Bohnen-Topf 126
Kichererbsen-Salat mit Feta 57
Lamm-Gemüse-Blitzragout mit Couscous 146
Ofengemüse mit Chicken-Wings 131
Reis mit Garnelen und buntem Gemüse 139
Thai-Curry mit Pute 101
Parmaschinken: Pizza mit Ziegenkäse, Parmaschinken und Rucola 64
Parmesan 8
Pastinaken: Dal mit roten Linsen und Pastinaken 128
Physalis: Salat mit Physalis und Roastbeef 46
Pilze: Rahm-Pilzragout mit Heidelbeeren 98

Pitabrot: Gefülltes Pita-Brot 79
Pizza mit Ziegenkäse, Parmaschinken und Rucola 64
Pumpernickel: Matjes mit Apfel und Pumpernickel 45
Pute: Thai-Curry mit Pute 101

Q

Quinoa 8
Quinoa, bunte 32

R

Radicchio: Tarte mit Radicchio, Ricotta und Trauben 76
Radieschen
Majorankartoffeln mit Radieschen-Remoulade 89
Obatzda mit Brezel und Radieserl 42
Rahm-Pilzragout mit Heidelbeeren 98
Ras el Hanout: Fischfilet mit Ras-el-Hanout-Bröselkruste 113
Reis 8
Reis mit Garnelen und buntem Gemüse 139
Süßkartoffel-Curry mit Spinat 38
Thai-Curry mit Pute 101
Ricotta: Tarte mit Radicchio, Ricotta und Trauben 76
Roastbeef: Salat mit Physalis und Roastbeef 46
Roquefort: Feldsalat mit Feige und Roquefort 74
Rote Bete im Glas 122
Rucola
Pizza mit Ziegenkäse, Parmaschinken und Rucola 64
Rucola mit Kürbis, Walnuss und Ziegengouda 120
Rührei mit Zwiebel, Käse und Kürbiskernen 14
Rumpsteak mit Chimichurri 108

S

Salat mit Physalis und Roastbeef 46
Salbei: Gnocchi mit Austernpilzen, Kirschtomaten und Salbei 136
Schinken: Wraps mit Limetten-Mayo, Schinken und Melone 80
Schupfnudeln mit Spitzkohl, geröstete 92
Schweinekotelett mit Apfel-Rahm-Sauce 107
Sesam: Gemüsewok mit Sprossen und Sesam 132
Speck: Fladenbrot-Flammkuchen mit Feige und Speck 49
Spinat
Spinatgratin mit Feta 26
Süßkartoffel-Curry mit Spinat 38
Spitzkohl: Geröstete Schupfnudeln mit Spitzkohl 92
Sprossen: Gemüsewok mit Sprossen und Sesam 132
Staudensellerie 9
Erbsencreme-Süppchen mit Chili 17
Linsensalat mit Orangen-Dressing 84
Minestrone mit Frühlingszwiebel-Gremolata 125
Süßkartoffeln 9
Masala-Hähnchen mit Süßkartoffelstampf 140
Süßkartoffel-Curry mit Spinat 38
Süßkartoffel-Toast mit Avocado-Chili-Dip 66

T

Tarte mit Radicchio, Ricotta und Trauben 76
Thai-Curry mit Pute 101
Thunfisch: Nizza-Burger 50
TK-Gemüse 9
Bunte Quinoa 32
Erbsencreme-Süppchen mit Chili 17
Spinatgratin mit Feta 26
Süßkartoffel-Curry mit Spinat 38
Thai-Curry mit Pute 101
Tomaten
Clafoutis mit Tomaten 72
Couscous-Salat mit Grapefruit 54
Feierabend-Bowl 58
Fischfilet mit Ras-el-Hanout-Bröselkruste 113
Gefülltes Pita-Brot 79
Gnocchi mit Austernpilzen, Kirschtomaten und Salbei 136
Hähnchenpfanne mit Bohnen-Duo 104
Kabeljau mit Basilikum-Tomate 151
Kichererbsen-Salat mit Feta 57
Lamm-Gemüse-Blitzragout mit Couscous 146
Lammkoteletts mit Tomaten 110
Nizza-Burger 50
Ofengemüse mit Chicken-Wings 131
Süßkartoffel-Toast mit Avocado-Chili-Dip 66
Tomaten, getrocknete
Bratkartoffeln mit Spiegelei 24
Bunte Quinoa 32
Cracker-Crostini mit Topping-Duo 12
Gemüse-Bohnen-Topf 126
Kabeljau mit Basilikum-Tomate 151
Makkaroni caprese 95
Trauben: Tarte mit Radicchio, Ricotta und Trauben 76

W

Walnüsse: Rucola mit Kürbis, Walnuss und Ziegengouda 120
Wraps mit Limetten-Mayo, Schinken und Melone 80

Z

Ziegenkäse
Buttergemüse mit karamellisiertem Ziegenkäse 134
Pizza mit Ziegenkäse, Parmaschinken und Rucola 64
Rucola mit Kürbis, Walnuss und Ziegengouda 120
Zitrone: Linguine mit scharfem Zitronenöl und Garnelen 29
Zitrusfrüchte 9
Zucchini
Gewürz-Forellen auf Zucchinibett 114
Knuspriges Fischfilet auf Zucchinispaghetti 149
Zwiebeln 9
Minestrone mit Frühlingszwiebel-Gremolata 125
Rührei mit Zwiebel, Käse und Kürbiskernen 14

Appetit auf mehr?

ISBN 978-3-8338-4660-1

ISBN 978-3-8338-1677-2

ISBN 978-3-8338-4124-8

ISBN 978-3-8338-1579-9

ISBN 978-3-8338-6158-1

ISBN 978-3-8338-5885-7

Alle hier vorgestellten Bücher
sind auch als eBook erhältlich.

G|U
Willkommen im Leben.

Mehr von GU auf **www.gu.de** und
facebook.com/gu.verlag

IMPRESSUM

Konzept und Projektleitung: Alessandra Redies
Lektorat: Cora Wetzstein
Korrektorat: Ulrike Wagner
Innenlayout, Typografie und Umschlaggestaltung: independent Medien-Desing, Horst Moser, München
Herstellung: Petra Roth
Satz: Knipping Werbung GmbH, Berg am Starnberger See
Reproduktion: Longo AG, Bozen
Druck und Bindung: Printer Trento, Trento

ISBN 978-3-8338-6453-7

1. Auflage 2018

DIE AUTORIN

Die Literaturwissenschaftlerin und leidenschaftliche Köchin **Susanne Bodensteiner** arbeitet seit vielen Jahren als freie Food-Autorin und Lektorin. Sie kocht sich den grauen Alltag gern schöner – am liebsten mit unkomplizierten Gerichten und frischen Zutaten. Ihr Entspannungstipp nach einem langen Arbeitstag: Erst mal mit dem Hund eine Runde im Park drehen.

DIE FOTOGRAFIN

Die Engländerin **Nicky Walsh** arbeitete zehn Jahre als Food-Fotografin in London, bevor sie 2011 nach Berlin zog. Ihre Bilder sind kreativ, frisch und lecker – und zieren nicht nur Kochbücher, sondern auch viele Werbeproduktionen. Das Foodstyling übernahm **Max Faber**. Während der Fotoproduktion für dieses Buch aß das Team begeistert auf, was kurz zuvor vor der Kamera gestanden hatte – am liebsten natürlich nach Feierabend …
www.nickywalsh.eu

Syndication: www.seasons.agency
Bildnachweis: Fotos Seite 4–9 sowie alle Illustrationen: Shutterstock; alle anderen: Nicky Walsh

QUALITÄTS GU GARANTIE

Liebe Leserin, lieber Leser,

haben wir Ihre Erwartungen erfüllt? Sind Sie mit diesem Buch zufrieden? Haben Sie weitere Fragen zu diesem Thema? Wir freuen uns auf Ihre Rückmeldung, auf Lob, Kritik und Anregungen, damit wir für Sie immer besser werden können.

GRÄFE UND UNZER Verlag
Leserservice
Postfach 86 03 13
81630 München
E-Mail:
leserservice@graefe-und-unzer.de

Telefon: 00800 / 72 37 33 33*
Telefax: 00800 / 50 12 05 44*
Mo–Do: 9.00 – 17.00 Uhr
Fr: 9.00 – 16.00 Uhr
(gebührenfrei in D, A, CH)*

Ihr GRÄFE UND UNZER Verlag
Der erste Ratgeberverlag – seit 1722.

GRÄFE UND UNZER

Ein Unternehmen der
GANSKE VERLAGSGRUPPE

www.facebook.com/gu.verlag